O JUIZ NACIONAL
E O DIREITO COMUNITÁRIO

JOSÉ LUIS CARAMELO GOMES
Professor de Direito

O JUIZ NACIONAL E O DIREITO COMUNITÁRIO

O Exercício da Autoridade Jurisdicional Nacional
na Jurisprudência do Tribunal de Justiça
da Comunidade Europeia

Reimpressão da Edição de Outubro de 2003

O JUIZ NACIONAL E O DIREITO COMUNITÁRIO

AUTOR
JOSÉ LUIS CARAMELO GOMES

EDITOR
EDIÇÕES ALMEDINA, SA
Rua da Estrela, n.º 6
3000-161 Coimbra
Tel.: 239 851 904
Fax: 239 851 901
www.almedina.net
editora@almedina.net

EXECUÇÃO GRÁFICA
G.C. – GRÁFICA DE COIMBRA, LDA.
Palheira – Assafarge
3001-453 Coimbra
producao@graficadecoimbra.pt

Março, 2006

DEPÓSITO LEGAL
202583/03

Os dados e as opiniões inseridos na presente publicação
são da exclusiva responsabilidade do(s) seu(s) autor(es).

Toda a reprodução desta obra, por fotocópia ou outro qualquer processo,
sem prévia autorização escrita do Editor,
é ilícita e passível de procedimento judicial contra o infractor.

À Cristina, ao Diogo e ao Francisco

"dans le domaine du droit, le vingtième siècle paraît destiné à devenir le siècle du juge"

Donner[1]

---

[1] Donner, "Cour de Justice: Nature et évolution des instituitions de la Communauté Européenne".

NOTA INTRODUTÓRIA

A obra que ora se dá à estampa corresponde, com infímas alterações, ao texto da dissertação de Mestrado em Direito, discutida pelo Autor, na Faculdade de Direito da Universidade Católica, em Novembro de 1998.

Pretende-se com a sua publicação divulgar junto da comunidade jurídica em geral algumas questões de extrema importância e utilidade neste momento da integração europeia.

Apesar de ter servido em primeiro lugar o propósito egoísta de proporcionar ao seu A. a possibilidade de, pela sua apresentação e discussão, obter o grau de Mestre em Direito, pretendeu-se com ele de alguma forma contribuir para a evolução do conhecimento neste ramo da Ciência Jurídica em Portugal.

Tal contribuição, nos dias que correm é, felizmente, limitada. O nível do conhecimento, nas diversas áreas da Ciência e particularmente na Ciência Jurídica, atingiu um desenvolvimento tal que aspirar a mais que uma pequena contribuição se torna em utopia, senão mesmo presunção. Assim sendo, ao A. resta apenas a modesta ambição de dar um pequeno contributo para a sua evolução e desenvolvimento.

Este estudo reflete, em primeiro lugar, os conhecimentos adquiridos pelo A. na leitura e no contacto com tantos ilustres Mestres do Direito, que contribuiram e contribuem para a sua formação jurídica ainda tão incipiente.

Dos seus defeitos e virtudes serão os Leitores os melhores juízes. Se os primeiros são da exclusiva responsabilidade do A., as segundas devem-se também ao auxílio precioso de algumas pessoas, sem as quais esta tarefa teria sido impossível e às quais, por imperativo decorrente do dever de gratidão se faz referência.

Ao senhor Professor Doutor João Mota de Campos, *primus inter pares*, nosso orientador neste trabalho, pela sua disponibilidade, atenção e pela sua sábia orientação.

Ao senhor Professor Doutor Ami Barav, que iniciou o A. nos caminhos da investigação e que despertou nele o interesse pelo Direito Comunitário.

Ao senhor Doutor José Luis da Cruz Vilaça que, sem consciência da sua intervenção, indicou frequentemente novas vias a explorar na investigação conducente a este resultado final, pela sua boa-vontade e disponibilidade para a leitura e comentário que tanto beneficiaram o resultado final.

Ao Dr. Hélder Machado e aos seus colaboradores, pela paciência infinita no auxílio na recolha e tratamento das fontes utilizadas.

Ao Dr. João Paulo Matos, nosso colega e amigo, pelo estímulo e pelos comentários que tanto nos auxiliaram e, ainda, pela disponibilidade para a leitura e comentário final.

Um agradecimento especial à família do A., pela compreensão e pelo sacrifício que a elaboração deste estudo lhes impôs.

E, finalmente, um agradecimento penhorado ao senhor Professor Doutor Rui Manuel Moura Ramos, pela honra com que distinguiu o A. ao aceitar arguir a dissertação que serviu de base à presente obra, pelos comentários de pertinência fundamental que formulou.

Uma nota final: após a discussão deste trabalho, entrou em vigor o Tratado de Amesterdão que renumerou todo o Tratado que institui a Comunidade Europeia. Por isso e em prol da actualidade da obra, actualizaram-se as referências às suas disposições.

Linda-a-Velha, Outubro de 2003.

ÍNDICE

NOTA INTRODUTÓRIA 7

ÍNDICE 9

LISTA DE ABREVIATURAS 11

INTRODUÇÃO. Delimitação do objecto de estudo 13

CAPÍTULO I. Os Princípios estruturantes da jurisprudência actual do TJCE 21
    SECÇÃO 1. A irreversibilidade e imperatividade dos compromissos comunitários 23
    SECÇÃO 2. O princípio da plena eficácia da norma comunitária 36
        SUBSECÇÃO 1. A doutrina do efeito útil 36
        SUBSECÇÃO 2. O princípio da aplicabilidade directa da norma comunitária 38
        SUBSECÇÃO 3. O princípio do primado do Direito comunitário 50
    SECÇÃO 3. A uniformidade de interpretação e aplicação da norma comunitária 54

CAPÍTULO II – A eficácia interna do Direito comunitário 65
    SECÇÃO 1. A articulação entre Direito comunitário e Direito interno 65
        1.1 A conciliação entre Direito comunitário e Direito interno por via interpretativa 66
        1.2 Meios para estabelecer a incompatibilidade entre o Direito comunitário e o Direito interno 76
        1.3 Inaplicação do Direito nacional incompatível com o Direito comunitário 78
    SECÇÃO 2. A protecção provisória devida aos particulares 81

10   *O Juiz Nacional e o Direito Comunitário*

2.1 Protecção provisória contra actos de direito nacional incompatíveis com o Direito comunitário 81

2.2 A protecção provisória dos particulares contra actos nacionais de execução de actos comunitários alegadamente inválidos 83

SECÇÃO 3. O contencioso da repetição do indevido 89

SECÇÃO 4. O contencioso da responsabilidade 105

4.1 Apresentação do problema. A jurisprudência Francovich e Faccini Dori 105

4.2 A responsabilidade do Estado após Francovich 111

4.2.1 O acórdão Brasserie du pecheur/Factortame e o acórdão Hedley Lomas 134

4.2.2 Os acórdãos *British Telecom*, *Denkavit* e *Dillenkofer* 142

4.2.3 O conteúdo da obrigação de indemnização 146

SECÇÃO 5. Os limites dos poderes do juiz nacional 147

5.1 O princípio da autonomia institucional e processual e os seus limites 147

5.2 O reenvio prejudicial 154

5.2.1 O reenvio prejudicial em interpretação 154

5.2.2 O reenvio prejudicial em apreciação de validade 161

CONCLUSÕES 163

BIBLIOGRAFIA GERAL 179

Tratados e Comentários aos Tratados 179

Manuais e Teses 179

Artigos 181

LISTA CRONOGRÁFICA DE ACÓRDÃOS 185

ÍNDICE REMISSIVO DE ACÓRDÃOS CITADOS 189

LISTA DE ABREVIATURAS

Ac.:	Acórdão
ACP	África, Caraíbas e Pacífico
AETR	Association Européene de Transports par Route
AFDI	Annuaire français de Droit International
AJCL	American Journal of Comparative Law
AJDA	Actualité Juridique. Droit administratif
AJIL	American Journal of International Law
AUE	Acto Único Europeu
BCE	Banco Central Europeu
BEI	Banco Europeu de Investimento
CDE	Cahiers de Droit Européen
CE	Comunidade Europeia
CECA	Comunidade Europeia do Carvão e do Aço
CEE	Comunidade Económica Europeia
CEEA	Comunidade Europeia da Energia Atómica
Cfr.	Confrontar
Cit.	citado
CMLR	Common Market Law Revue
COREPER	Comite de Representantes Permanentes
CPE	Cooperação Politica Europeia
CVDT	Convenção de Viena sobre Direito dos Tratados de 1969
ECU	Unidade de Conta Europeia
ELR	European Law Revue
FEDER	Fundo Europeu de Desenvolvimento Regional
FEOGA	Fundo Europeu de Orientação e Garantia Agricola
FIDE	Federation Internationale pour le Droit Européen
FSE	Fundo Social Europeu
GATT	Acordo Geral Sobre Tarifas e Comércio

ICLQ	International and Comparative Law Quarterly
IME	Instituto Monetário Europeu
JO C	Jornal Oficial das Comunidades Europeias, série C
JO L	Jornal Oficial das Comunidades Europeias, série L
JO	Jornal Oficial
P	Processo
p.	página
PAC	Politica Agricola Comum
PE	Parlamento Europeu
Rec.	Colectânea de jurisprudência do Tribunal de Justiça da Comunidade Europeia
RCADI	Recueil des cours de l'Academie de Droit International, La Haye
RFDA	Revue française de Droit administratif
RTDE	Revue Trimestrielle de Droit Européen
SBEC	Sistema Europeu de Bancos Centrais
SME	Sistema Monetário Europeu
TJCE	Tribunal de Justiça da Comunidade Europeia
TPI	Tribunal de Primeira Instancia
UE	União Europeia
UEM	União Económica e Monetária
UEO	União da Europa Ocidental
YEL	Yearbook of European Law

INTRODUÇÃO

Delimitação do objecto de estudo

Em 5 de Fevereiro de 1963, no Luxemburgo, os Juízes Donner, Delvaux, Rossi, Riese, Hammes, Trabuchi e Lecourt, no exercício da sua função de magistrados do Tribunal de Justiça das Comunidades Europeias afirmaram a existência de *"uma nova ordem jurídica de direito internacional"*[2], que *"ao mesmo tempo que (ele, direito comunitário) cria obrigações na esfera jurídica dos particulares, está também destinado a gerar direitos que entram no seu património jurídico"* que *"as jurisdicções internas devem salvaguardar"*[3].

Uma nova era começou para o juíz nacional nesse dia. A partir de *Van Gend en Loos*, este é incumbido de uma dupla função: a de juíz nacional e a de juíz comunitário.

A dualidade de funções em que os respeitáveis juízes comunitários colocaram os seus colegas nacionais cedo provocou conflitos entre os comandos impostos pelo Direito nacional e os comandos impostos pelo Direito comunitário.

---

[2] *Van Gend en Loos,* acórdão de 5 de Fevereiro de 1963, P 26/62, Rec 1963, p. 1, tradução do A..

[3] Idem, *Van Gend en Loos,* acórdão de 5 de Fevereiro de 1963, P 26/62, Rec 1963, p. 1, cit.

Confrontado com o problema, ao juíz nacional não se apresentaram grandes dúvidas. A mesma Instituição que possibilitou a ocorrência do conflito deveria formular uma regra para a sua solução.

E assim o Tribunal de Justiça das Comunidades Europeias foi confrontado com a questão fundamental de determinar regras para a solução dos conflitos provocados pela sua própria jurisprudência.

O reenvio prejudicial em causa, *Costa c. ENEL*, conheceu resposta do Tribunal de Justiça em 15 de Julho de 1964, que reunido em sessão plenária, com uma composição quase idêntica, de resto, à que formulou o princípio da aplicabilidade directa da norma comunitária[4], definiu o princípio do primado do Direito comunitário[5]. E fê-lo de tal modo que é manifesto o reconhecimento da qualidade judicial do destinatário de ambos os princípios[6], determinantes do exercício da função comunitária do juiz nacional.

Estes dois princípios estabelecem no seu conjunto, o princípio da eficácia interna do Direito comunitário, em termos que não deixam grandes margens para dúvidas. O grande obreiro da eficácia interna do Direito comunitário é o juiz nacional.

O papel preponderante assim atribuído às jurisdições nacionais provocou, esperamos demonstrá-lo, alterações significativas no exercício da função jurisdicional em cada um dos Estados-membros da Comunidade, principalmente tendo em vista o alcance que a jurisprudência do TJCE tem vindo a reconhecer à eficácia interna do Direito comunitário.

Na realidade, a função comunitária do juiz nacional deve ser exercida tendo em vista a obrigação que lhe incumbe de: *"... assegurar o pleno efeito destas normas (comunitárias) deixando, se necessário ina-*

---

[4] O juiz Riese foi substituído entretanto pelo juiz Strauss.

[5] *Costa c. ENEL,* acórdão de 15 de Julho de 1964, P. 6/64, Rec 1964, p. 1143.

[6] A expressão utilizada em *Van Gend en Loos* "... o artigo 12º deve ser interpretado no sentido de que produz efeitos imediatos e cria direitos individuais que as **jurisdições internas** devem salvaguardar." (sublinhado do A.).

Em *Costa c. ENEL* a expressão "... o direito nascido do tratado não poderá, em razão da sua natureza específica e original, ver-se **judicialmente** contrariado por qualquer texto interno..." (sublinhado do A.).

plicadas, de sua própria autoridade, qualquer disposição contrária da legislação nacional ..."[7].

A obrigação comunitária do juíz nacional é no mínimo estranha pois que nela se inclui o dever de desobediência à própria ordem jurídica na qual o órgão jurisdicional fundamenta a sua autoridade para estatuir.

Sempre se dirá que o juíz nacional estatui, na aplicação do Direito comunitário, investido nessa competência pelo próprio Direito das Comunidades Europeias. Este argumento resulta, no nosso entender, algo inconsistente.

É que se existe sem duvida uma relação directa entre as jurisdições nacionais e o Direito comunitário, é preciso não esquecer que essa relação é meramente instrumental da sua realização.

Não existe, no estado actual do Direito comunitário, qualquer relação orgânica entre a jurisdição nacional e as Comunidades Europeias.

A autoridade judicial fundamenta o seu poder na Constituição. É esta que investe o juíz nacional no *imperium* necessário para a realização e aplicação do Direito que ela própria, Constituição, fundamenta.

Ora, o papel que o juíz nacional é chamado a desempenhar pelo Direito comunitário é-lhe atribuído porque ele é um órgão do Estado, para efeitos de cumprimento do dever geral de cooperação estabelecido no artigo 10º CE.

O quadro jurisprudencial comunitário actual sobre a actividade jurisdicional nacional é uma consequência lógica da conjugação dos princípios da aplicabilidade directa da norma comunitária e do primado do Direito comunitário e tem vindo a ser desenvolvido pelo TJCE, laboriosamente, nas últimas décadas, frequentemente de uma forma que atribui ao juiz nacional poderes, substantivos e adjectivos, que manifestamente não se incluem no elenco que lhe é atribuído pelo seu direito nacional, sempre tendo em vista a realização da plena eficácia do Direito comunitário.

---

[7] *Simmenthal*, acórdão de 9 de Março de 1978, P 106/77, Rec. 1978, p. 629, tradução do A..

O Juiz Nacional e o Direito Comunitário

A primeira consequência resultante deste quadro fundamental consta do acórdão *Simmenthal*[8] como aponta A. Barav[9]: *"...il incombe au juge interne d'appliquer intégralement le droit communautaire et de faire «au moment même de cette application»[10] et «de sa propre autorité»[11], tout ce qui est nécessaire pour écarter une disposition nationale contraire, nonobstant tout obstacle de nature interne, législatif, administratif ou judiciaire qui éventuellement s'y opposerait. Une telle prise de position constitue, en fait, une consécration de la plénitude de compétence du juge national appréhendé comme juge communautaire".*

Esta plenitude de competência do juiz nacional encontrava-se já no acórdão *Rheinmulen*[12]. Estava em causa a interpretação do artigo 234º CE, nomeadamente no que respeita à possibilidade de uma jurisdição, que não decide em ultima instância de processo, operar o mecanismo do reenvio prejudicial em interpretação, na hipótese em que o despacho de reenvio tenha sido objecto de recurso provido em direito interno.

Perante esta situação, o TJCE afirmou que *"uma regra de direito nacional, vinculando as jurisdicções que não estatuem em última instância às apreciações em direito pela jurisdição superior, não pode retirar a estas jurisdições a faculdade de colocar ao Tribunal de Justiça as questões de interpretação do direito comunitário objecto de tais apreciações em direito"*[13], o que significa que o juiz nacional não se encontra vinculado pela autoridade da decisão da jurisdição superior, no que respeita à sua vontade de desencadear um reenvio prejudicial.

---

[8] Idem, *Simmenthal*, acórdão de 9 de Março de 1978, P 106/77, Rec. 1978, p. 629, cit.

[9] BARAV, Ami, "La plénitude de compétence du juge national en sa qualité de juge communautaire", Mélanges Boulouis, Dalloz, p. 2.

[10] *Simmenthal*, acórdão de 9 de Março de 1978, P 106/77, Rec. 1978, p. 644.

[11] Idem, *Simmenthal*, acórdão de 9 de Março de 1978, P 106/77, Rec. 1978, p. 645.

[12] *Rheinmuhlen*, acórdão de 16 de Janeiro de 1974, P 146/73, Rec 1974, p. 139.

[13] Tradução do A..

Assim sendo, parece decorrer da plenitude da competência comunitária do juiz nacional, tal como definida pelo TJCE, um poder, consequência sem dúvida dos princípios do primado e da aplicabilidade directa, mas também do princípio do efeito útil, que relativiza as normas nacionais estruturantes da hierarquia da autoridade judicial[14].

A que título poderá ser o juiz nacional chamado a estatuir no exercício da sua função comunitária?

Como veremos mais adiante, a primeira e mínima consequência da incompatibilidade entre o direito nacional e o direito comunitário é a inaplicabilidade do direito nacional. Assim sendo, não restam dúvidas de que o juiz nacional será chamado ao exercício da sua função comunitária a título de excepção. Existirá também situação idêntica por via de acção?

A primeira vez que o TJCE se pronunciou sobre esta questão foi no acórdão *Heylens*[15] e a solução encontrada parece apontar no sentido de consagrar, em nome da plena eficácia da norma comunitária, o direito dos particulares, de acordo com as regras processuais nacionais, de contestarem, por via de acção, uma regulamentação nacional contrária ao direito comunitário, pelo menos no âmbito do contencioso de anulação, que se passa a apresentar, assim, como um controle de legalidade alargado.

Esta solução foi ampliada pelo Tribunal de Justiça em *Deville*[16], que clarificou jurisprudência anterior[17], pela afirmação de que a existência de uma via de recurso permitindo aos particulares reclamar da administração o direito ao reembolso de taxas internas indevidamente cobradas e o poder jurisdicional de impor à administração a obrigação de as restituir são exigências directas do Direito comunitário. Estamos perante o contencioso da repetição do indevido.

---

[14] Voltaremos a esta questão relativamente à interpretação *FOTOFROST* do artigo 234º CE. A este respeito, entretanto, BOULOIS, J., Commentaire sur l'arrêt Reinmuhlen, AFDI, 1974, p. 425.

[15] *Heylens,* acórdão de 15 de Outubro de 1987, P 222/86, Rec 1987, p. 4097.

[16] *Deville,* acórdão de 29 de Junho de 1988, P 240/87, Rec 1988, p. 3513.

[17] *San Giorgio,* acórdão de 9 de Novembro de 1983, P 199/82, Rec 1983 p. 3595.

A tutela jurisdicional devida aos particulares conheceu, entretanto, outro desenvolvimento recente na jurisprudência do TJCE, que se encontrava latente há já longo tempo. É o contencioso da responsabilidade.

A primeira afirmação da potencial existência de um direito dos particulares à indemnização pelos danos decorrente da violação estadual das suas obrigações comunitárias surgiu pela primeira vez em 1960, no acórdão *Humblet*[18].

A jurisprudência subsequente, principalmente exarada em processos por incumprimento em que este foi sanado na pendência do processo, manteve em estado latente esta questão.

A conformação estadual na pendência do processo foi frequentemente invocada como fundamento para a inutilidade superveniente da lide e consequente extinção da instância. Este argumento foi liminarmente afastado pelo Tribunal de Justiça, na medida em que apesar do incumprimento estar sanado, ainda assim a constatação de incumprimento seria útil enquanto meio de prova do facto ilícito, em processos tendentes a realizar eventuais direitos à reparação dos danos sofridos pelos particulares face ao incumprimento estadual[19].

Finalmente, terão os particulares direito a uma tutela provisória dos seus direitos?

Os últimos parágrafos ilustram situações várias em que o TJCE se viu confrontado com questões relativas à eficácia interna do Direito comunitário. Com efeito, a maior ou menor eficácia interna dependerá

---

[18] *Humblet,* acórdão de 16 de Dezembro de 1960, P 6/60 , Rec 1960, p.1125 e *Russo,* acórdão de 22 de Janeiro de 1976, P 60/75, Rec 1976, p. 45.

[19] *Comissão c. RFA,* acórdão de 12 de Julho de 1973, p 70/72 , Rec 1973, p. 813; *Comissão c. Itália,* acórdão de 7 de Fevereiro de 1973, P 39/72, Rec 1973, p. 101; *Comissão c. Grécia,* acórdão de 18 de Janeiro de 1990 P 287/87, Rec 1990, p. I-001; *Comissão c. RFA,* acórdão de 5 de Setembro de 1991, P C-361/88, Rec 1991, p. ; *Comissão c. Itália,* acórdão de 20 de Fevereiro de 1986, P 309/84, Rec 1986, p. 599; *Comissão c. Itália,* acórdão de 5 de Junho de 1986, P 103/84, Rec 1986, p. 1759; *Comissão c. Itália,* acórdão de 17 de Junho de 1986, P 154/85, Rec 1987, p. 2717; *Comissão c. Grécia,* acórdão de 24 de Março de 1988, P 240/86, Rec 1988, p. 1835.

do poder que exista ao dispor daqueles que, por dever de ofício, são os autores da realização concreta do Direito comunitário.

Analisar o conteúdo ou alcance da eficácia interna do Direito comunitário, na perspectiva do juiz nacional, é o objectivo principal deste estudo, ao qual dedicamos o segundo Capítulo.

Porque a análise dos efeitos deve, em termos lógicos, suceder à análise das causas, o primeiro Capítulo será dedicado ao estudo do fundamento da eficácia interna do Direito comunitário.

Não se pense, no entanto, que o objectivo do presente estudo é meramente descritivo. Ao longo dos anos que o A tem dedicado ao estudo do Direito comunitário, foi com frequência que intuiu duas questões intimamente relacionadas.

A primeira relativa à leitura que o Tribunal de Justiça faz dos poderes das jurisdições nacionais enquanto jurisdições comunitárias de direito comum e às eventuais alterações aos seus estatutos e modos de funcionamento.

A verificar-se a alteração do estatuto e modo de funcionamento das jurisdições nacionais por força dos princípios estabelecidos pelo Tribunal de Justiça, facto intuído pelo A., então torna-se evidente uma segunda questão: terá o Tribunal de Justiça poder para protagonizar uma tal alteração?

O presente estudo tem por objecto analisar e responder à primeira questão, deixando em aberto pistas e indícios para a resolução da segunda e, desta forma, contribuir, ainda que modestamente, para uma maior consciência jurídica da problemática da articulação entre a Comunidade Europeia e os Estados-membros.

Ao longo do nosso estudo far-se-ão referências bibliográficas, por vezes exaustivas, a obras em língua francesa e inglesa. Apesar de nem todas terem servido como suporte das afirmações e conclusões apresentadas, nem tenham sido objecto de crítica, a sua referência impôs-se, pois que o conjunto da bibliografia apresentada exprime a investigação que desde há alguns anos o A. vem fazendo, por curiosidade intelectual e por imperativo da sua docência, sobre as implicações do Direito comunitário sobre o exercício da função jurisdicional nos Estados-membros em especial e sobre as questões jurídico-comunitárias em geral.

Nessa medida, pelo menos de uma forma indirecta, o resultado apresentado exprime opiniões cuja formação influenciaram e considera-se importante a sua indicação como elementos de investigação para os possíveis interessados.

Apresenta-se ainda duas listas de jurisprudência. Uma lista remissiva, organizada por ordem alfabética e uma outra, cronográfica.

Estas listas, que refletem de uma forma sistematizada as citações jurisprudenciais efectuadas ao longo do texto, são naturalmente longas, sem que, no entanto, sejam exaustivas. Em todo o caso, consideram-se justificadas, dada a natureza do estudo, que tem como objecto principal a sua análise.

Das referências efectuadas uma parte significativa reporta-se à Colectânea de Jurisprudência em língua francesa. Este facto ocorre por uma razão objectiva e não traduz qualquer pretensiosismo do A. É que, pese embora o esforço efectuado pelos serviços de tradução do Tribunal de Justiça, não existe, à data da redação da presente obra, ainda versão portuguesa da jurisprudência entre 1978 e 1986.

Sempre que se tornou necessário proceder à citação de passagens de acórdãos ainda indisponíveis em português, optou-se pela sua tradução, referindo-se, no momento apropriado, que a responsabilidade da mesma é exclusivamente do A.. Esta opção, no entanto, não foi adoptada no que respeita à citação de doutrina, mantendo-se aqui a reprodução na lingua original.

Finalmente, uma última nota apenas para justificar a evidência. As referências bibliográficas a autores portugueses são escassas. Mais uma vez existe uma razão objectiva para tal. A juventude do Direito comunitário em Portugal faz com que, salvo raras e honrosas excepções, apenas actualmente comecem a aparecer estudos sobre a sua problemática.

Capítulo I

OS PRINCÍPIOS ESTRUTURANTES DA JURISPRUDÊNCIA ACTUAL DO TJCE

A ratificação dos Tratados institutivos das Comunidades Europeias é um marco na História do pensamento jurídico europeu, pela verdadeira convulsão provocada na tradicional dicotomia entre Direito interno e Direito Internacional.

Fundado numa fonte de Direito Internacional clássica, os Tratados, negociado e ajustado segundo as regras clássicas de Direito Internacional numa fase inicial, cedo o Direito comunitário foi definido como um *tertiun genus*, entre o Direito interno e o Direito internacional, de tal forma que, na actualidade, até no que respeita ao modo de alteração do Direito originário se verifica, claramente, um afastamento do Direito comunitário relativamente ao Direito internacional, na medida em que esta matéria é objecto de regulamentação própria[20].

Terceiro género ainda porque, desde o início, o direito resultante do exercício da competência legislativa atribuída através dos Tratados às Instituições das Comunidades não é, quer pelo seu modo de produção, quer pelo seu objecto quer pelos seus sujeitos, Direito internacional.

Na realidade, a competência legislativa atribuída às Comunidades Europeias permitiu-lhes, imediatamente após o nascimento, a eman-

---

[20] Artigo 48º do Tratado da União Europeia.

cipação dos seus criadores, os Estados, adquirindo, tal como previsto pelos Tratados constitutivos, vontade própria veiculada em fontes próprias, estabelecendo claramente uma relação directa entre o indivíduo e algumas normas comunitárias de direito derivado[21].

Em segundo lugar, o Direito contido nos Tratados e o Direito deles derivado é objecto de interpretação por um órgão jurisdicional próprio, com competência exclusiva e obrigatória. E a interpretação que este órgão faz, desde os primeiros tempos, das normas contidas nos Tratados, afasta claramente a sua classificação internacional, independentemente do critério utilizado para tal.

Sem qualquer menosprezo pela clarividência dos redactores dos Tratados, parece-nos que dificilmente se terão apercebido do potencial endógeno colocado ao dispor desta jurisdição e foi, pensamos que sem qualquer exagero, através da acção do Tribunal de Justiça das Comunidades Europeias que estas se desenvolveram e afirmaram, dotando a sua ordem jurídica com as características fundamentais que hoje lhe são reconhecidas.

A ordem jurídica comunitária é uma ordem jurídica real e efectiva. Interage quotidianamente na vida dos cidadãos comunitários, que dela se podem prevalecer, de acordo com os princípios fundamentais, estruturantes, do Direito comunitário: o *"acquis formel"*[22], acervo formal comunitário, composto pelo princípio da aplicabilidade directa da norma comunitária, pelo princípio do primado do Direito comunitário, pelo princípio da irreversibilidade dos compromissos comunitários e pelo princípio da força obrigatória do Direito comunitário[23].

O objecto do estudo deste primeiro capítulo será o acervo formal comunitário, tal como definido pelo juiz Pescatore, acrescentando-lhe o estudo do que o ilustre jurista apelidou de *"doctrine de l'effet utile"*[24]

---

[21] Veja-se a definição de Regulamento, bem como a possibilidade de particulares serem destinatários de actos comunitários obrigatórios.

[22] A expressão *"acquis formel"* é de PESCATORE, Pierre, in *Aspects judiciares de l'acquis communautaire*, RTDE, 1981, p. 617.

[23] PESCATORE, Pierre, *"Aspects judiciares de l'acquis communautaire"*, RTDE 1981, p. 617.

[24] Idem, ob. cit.

Os Princípios Estruturantes da Jrurisprudência Actual do TJCE 23

e que preferimos denominar como o princípio da plena eficácia da norma comunitária, bem como o princípio da uniformidade de interpretação e aplicação da norma comunitária.

Secção 1. A IRREVERSIBILIDADE E IMPERATIVIDADE DOS COMPROMISSOS COMUNITÁRIOS

Os compromissos comunitários são assumidos pelos Estados-membros de uma forma irreversível. Esta afirmação encontra sustentáculo, antes de mais, no próprio Direito internacional de onde o Direito comunitário nasceu.

Com efeito, a vigência da convenção internacional apenas poderá cessar ou suspender se nos casos e situações previstas pela Convenção de Viena sobre Direito dos Tratados, ou seja, nos termos estabelecidos na sua Secção III da Parte V. A cessação da vigência do tratado ocorre: i) por força das disposições do tratado ou por consentimento das partes, artigo 54º CVDT[25]; ii) quando o número de partes de um tratado multilateral se torna inferior ao número exigido para a a sua entrada em vigor e o tratado assim o disponha, artigo 55º CVDT; iii) quando um tratado posterior seja celebrado entre todas as partes, artigo 59º CVDT[26];

---

[25] Artigo 54º CVDT 1969, (Cessação da vigência de um tratado ou recesso por força das disposições do tratado ou por consentimento das partes): O termo da vigência de um tratado, ou o recesso de uma das partes pode ter lugar:.

a) de harmonia com as disposições do tratado; ou.

b) em qualquer momento, por consentimento de todas as partes, depois de consultados os outros Estados contratantes.

[26] Artigo 59º CVDT 1969 (Cessação da vigência ou suspensão da aplicação de um tratado pela conclusão de um tratado posterior):

1. Considera-se que cessou a vigência de um tratado quando todas as suas partes concluíram posteriormente um novo tratado sobre a mesma matéria e:.

a) se depreender do tratado posterior ou se estiver de outra forma estabelecido que, segundo a intenção das partes, a matéria deve ser regulada no futuro pelo novo tratado; ou.

b) se as disposições do novo tratado forem de tal modo incompatíveis com as do tratado precedente que seja impossível aplicar os dois ao mesmo tempo.

iiii) como consequência da sua violação, artigo 60° CVDT[27]; iiiii) em consequência de uma alteração fundamental das circunstâncias, artigo 62° CVDT[28]; e, iiiiii) pela superveniência de uma norma de *ius cogens*,

---

2. O tratado precedente é considerado apenas suspenso quando se depreender do tratado posterior, ou se estiver por outra forma estabelecido, que tal era a intenção das partes.

[27] Artigo 60° CVDT 1969 (Cessação da vigência de um tratado ou suspensão da sua aplicação como consequência da sua violação):

1. Uma violação substancial de um tratado bilateral, por uma das partes, autoriza a outra parte a invocar a violação como motivo para pôr fim ao tratado ou para suspender a sua aplicação no todo ou em parte.

2. Uma violação substancial de um tratado multilateral, por uma das partes autoriza:.

a) as outras partes, agindo de comum acordo, a suspender no todo ou em parte a aplicação do tratado ou pôr fim à sua vigência:.

i) seja nas relações entre elas mesmas e o Estado autor da violação;.

ii) seja entre todas as partes;.

b) uma parte, especialmente atingida pela violação, a invocá-la como motivo para suspensão da aplicação do tratado, no todo ou em parte, nas relações entre ela própria e o Estado autor da violação;.

c) qualquer outra parte, salvo o autor da violação, a invocar a violação como motivo para suspender a aplicação do tratado, no todo ou em parte, no que lhe diga respeito, se este tratado for de tal natureza que uma violação substancial das suas disposições, por uma parte, modifique radicalmente a situação de cada uma das partes, quanto à execução ulterior das obrigações emergentes do tratado.

3. Para os fins deste artigo, constituem violação substancial de um tratado:.

a) a rejeição do tratado não autorizada pela presente convenção; ou.

b) a violação de uma disposição essencial para a realização do objecto ou fim do tratado.

4. Os números precedentes não prejudicam nenhuma disposição do tratado que seja aplicável em caso de violação.

5. Os números 1 a 3 não se aplicam às disposições relativas à protecção da pessoa humana contidas nos tratados de natureza humanitária, nomeadamente às disposições que proibem toda a forma de represálias sobre as pessoas protegidas pelos referidos tratados.

[28] Artigo 62° CVDT 1969 (Alteração fundamental das circunstâncias):

1. Uma alteração fundamental das circuntâncias relativamente às que existiam no momento da conclusão do tratado e que não fora prevista pelas partes não pode ser

artigo 64° CVDT[29]. Quando um tratado não disponha sobre a cessação da sua vigência, sobre a denúncia ou o recesso, as regras pertinentes relevam do artigo 56° CVDT[30].

No que respeita à cessação da vigência por força das disposições do tratado ou por consentimento das partes, artigo 54° CVDT e sem pretendermos analisar a questão doutrinal de saber como e em que circunstâncias um Estado-membro pode deixar de participar nas

---

invocada como motivo para pôr fim a um tratado ou para deixar de ser parte dele salvo se:.

a) a existência dessas circunstâncias tiver constituído uma base essencial do consentimento das partes a obrigarem-se pelo tratado; e.

b) essa alteração tiver por efeito a transformação radical da natureza das obrigações assumidas no tratado.

2. Não pode ser invocada uma alteração fundamental das circunstâncias como motivo para pôr fim à vigência de um tratado ou para dele se retirar:.

a) se se tratar de um tratado que estabelece uma fronteira; ou.

b) se a alteração fundamental resultar de uma violação pela parte que a invoca, seja de um tratado seja de qualquer outra obrigação internacional em relação às outras partes do tratado.

3. Se uma parte pode, nos termos dos números precedentes, invocar uma alteração fundamental da circunstâncias como motivo para pôr termo à vigência de um tratado ou para dele se retirar, pode igualmente invocá-la apenas para suspender a aplicação do tratado.

[29] Artigo 64° CVDT 1969 (Superveniência de uma norma imperativa de direito internacional *(ius cogens)*: Se sobrevier uma nova norma imperativa de direito internacional geral, todo o tratado existente que seja incompatível com esta norma torna-se nulo e cessa a sua vigência.

[30] Artigo 56° CVDT 1969 (Denúncia ou recesso no caso de um tratado não conter disposições relativas à cessação da sua vigência, à denúncia ou ao recesso): 1. Um tratado que não contenha disposições relativas à cessação da sua vigência e não preveja que as partes possam denunciá-lo ou praticar o recesso, não é susceptível de denúncia ou recesso salvo:.

a) se estiver estabelecido terem as partes admitido a possibilidade de uma denúncia ou de um recesso; ou.

b) se o direito de denúncia ou recesso puder ser deduzido da natureza do tratado.

2. Uma parte deve notificar, pelo menos com doze meses de antecedência, a sua intenção de proceder à denúncia do tratado, de acordo com as disposições do número 1.

Comunidades Europeias, matéria justificando, a nosso ver, uma investigação aprofundada, cumpre referir que os Tratados que instituem a Comunidade Económica Europeia, a Comunidade Europeia da Energia Atómica e o Tratado da União Europeia, não prevêem qualquer disposição relativa à cessação da respectiva vigência ou ao recesso, antes determinando nos artigos 312º, 208º e 51º, respectivamente, a sua duração ilimitada, pelo que o direito de recesso não pode ser deduzido da natureza dos tratados[31].

O Tratado que institui a Comunidade Europeia do Carvão e do Aço pelo contrário, caracteriza-se pela existência de um prazo de vigência, findo o qual caducará, sendo esta a única referência à cessação da sua vigência.

Em consequência, parece-nos admissível afirmar que o Tratado CECA cessará a sua vigência nos termos nele previstos, até porque esta afirmação é consistente com o estabelecido no artigo 54º CVDT. Na medida em que o Tratado CECA não prevê quaisquer disposições relativas ao recesso, nem este direito se encontra de qualquer outra forma estabelecido e ainda que este direito não parece, mais uma vez, consentâneo com a natureza do tratado, consideramos ser de afastar a possibilidade de recesso pelos Estados-membros

Nestes termos, resulta claro que a vontade dos autores dos tratados que instituem a CE, a CEEA, a CECA e do TUE é de não permitir às partes o recesso, admitindo-se, naturalmente, pelo menos em princípio, a possibilidade de cessação da vigência desses tratados por consentimento das partes[32].

---

[31] A este respeito seria interessante qualificar a natureza jurídica da cláusula de *opting out* estabelecida a favor do Reino Unido no TUE, relativamente à UEM.

[32] Admitimos em princípio apenas, porquanto nos parece necessário averiguar até que ponto os Estados-membros poderiam, sem intervenção das Instituições comunitárias, efectivar esse acordo. Com efeito, atendendo à natureza contratual da convenção internacional, a cessação da sua vigência por acordo das partes parece ter também natureza contratual, sendo, antes de mais, a máxima modificação ou alteração do seu conteúdo. Ora, nesse sentido, estamos perante uma revisão dos tratados, matéria que, no quadro comunitário, é objecto de regulamentação própria, actualmente o artigo N do TUE, que prevê um processo de revisão que conta com a intervenção das próprias comunidades através das suas Instituições.

Os Princípios Estruturantes da Jrurisprudência Actual do TJCE 27

A causa de cessação prevista no artigo 55° CVDT está manifestamente prejudicada no que respeita aos tratados que instituem a CE, a CEEA e ao TUE, o mesmo se verificando relativamente à causa prevista no artigo 60° CVDT.

No que respeita à cessação da vigência dos tratados como consequência da sua violação, cumpre referir que o sistema comunitário estabelece mecanismos próprios para prevenir, reprimir e sancionar as violações perpetradas pelos Estados-membros e que o TJCE[33] se pronunciou pela inaplicabilidade, em Direito comunitário, do princípio da reciprocidade existente em Direito internacional.

Com efeito, numa fase precoce da integração comunitária, alguns Estados-membros pretenderam justificar as suas próprias violações do Direito comunitário com base no comportamento similar dos seus congéneres[34]. A esta argumentação o TJCE respondeu inequivocamente com a negação da validade em Direito comunitário do princípio da reciprocidade das obrigações, reafirmando que: *"o tratado não se limita a criar obrigações recíprocas entre os diferentes sujeitos aos quais se aplica, mas estabelece uma ordem jurídica nova que regula os poderes, direitos e obrigações dos referidos sujeitos, bem como os processos necessários para sancionar qualquer violação eventual"*[35].

Os tratados onde se encontra vertido do Direito originário da Comunidade Europeia têm evoluído ao longo dos tempos mediante as

---

E se, no plano dos princípios de Direito internacional, não se vislumbra a ilicitude da revisão dos tratados comunitários num plano intergovernamental, à margem do processo estabelecido pelos tratados, este comportamento é seguramente contrário aos princípios de Direito comunitário. Estamos seguramente no campo dos "limites à revisão dos tratados". (A este respeito, MOTA DE CAMPOS, João, *Direito comunitário*, Vol. II, *O ordenamento jurídico comunitário*, 4ª Edição, Fundação Calouste Gulbenkian, Lisboa, 1994).

[33] *Comissão c. Luxemburgo e Bélgica,* acórdão de 13 de Novembro de 1964, P 90 & 91/63, Rec 1964, p. 1179.

[34] *Comissão c. Luxemburgo e Bélgica,* acórdão de 13 de Novembro de 1964, P 90 & 91/63, Rec 1964, p. 1179.

[35] Idem, *Comissão c. Luxemburgo e Bélgica,* acórdão de 13 de Novembro de 1964, P 90 & 91/63, Rec 1964, p. 1179, tradução do A..

sucessivas revisões de que foram alvo. Neste sentido, é inegável que os tratados na sua versão anterior às sucessivas revisões vão cessando a sua vigência, numa situação semelhante à prevista no artigo 59º CVDT.

A cessação da vigência dos tratados por alteração fundamental das circunstâncias suscita questões, eventualmente hipotéticas, mas não destituídas de interesse. É que existem realmente algumas circunstâncias que são determinantes da vontade de contratar e que são pressuposto da adesão aos tratados comunitários.

Em primeiro lugar, a opção dos Estados-membros por um sistema de economia de mercado, que é um pressuposto fundamental do funcionamento da Comunidade Europeia e, em segundo lugar, a exigência de democracia política e o respeito pelos direitos humanos[36].

Seria possível a permanência na Comunidade de um Estado-membro que não verificasse algum ou alguns destes pressupostos fundamentais?

Estamos em crer que não e a consequência mínima duma alteração desta natureza seria a suspensão da aplicação dos tratados ao Estado-membro que se encontrasse nessa situação.

Esta solução é, aliás, consentânea com o documento da Presidência irlandesa, no âmbito da Conferência Intergovernamental em curso (CIG96), na qual se incluiu a proposta de aditamento de um artigo Fa ao Tratado da União Europeia, tendo em vista precisamente sancionar os Estados-membros que violem persistentemente os Direitos Fundamentais[37].

---

[36] Esta segunda exigência resultará em breve da conjugação dos futuros artigos 49º e 6º do Tratado da União Europeia tal como alterados pelo Tratado de Amesterdão, na sequência de uma proposta irlandesa no âmbito da CIG 96, que apontava para a alteração da primeira frase do artigo O do TUE, estabelecendo como requisito de admissibilidade do pedido de adesão o respeito pelos direitos humanos:.

"Respect by any country applying to join the Union for the fundamental principles on which it is founded.

Supplement the first sentence of Article O of the TEU.

Any European State, which respects the principles set out in Article F(1) may apply to become a member of the Union [remainder unchanged].".

[37] Futuro artigo 7º do Tratado da União Europeia, introduzido pelo Tratado de Amesterdão, que reproduz a proposta da presidência irlandesa: "Action in the event

A proposta veio a ser aceite e incorporada no texto do Tratado da União Europeia pelo Tratado de Amesterdão, no seu artigo 7º[38].

of a serious and persistent breach by a Member State of the principles on which the Union is founded.

New Article Fa in the TEU

1. The Council, meeting in the composition of the Heads of State or Government and acting by unanimity on a proposal by one third of the Member States, by the European Parliament or by the Commission, may determine the existence of a serious and persistent breach by a Member State of the principles mentioned in Article F paragraph 1, after inviting the government of the Member State concerned to submit its observations.

2. Where such a determination has been made, the Council, acting on a recommendation by the Commission and after consulting the European Parliament, may decide to suspend certain of the rights deriving from the application of the provisions of the Treaties to the State in question. The Council shall act by a majority of two thirds of the votes of its members weighted in accordance with Article 148(2) of the Treaty establishing the European Community, cast by at least ten members.

The Council, acting in accordance with the same procedure, may decide subsequently to vary these measures in response to changes in the situation which led to their being imposed. .

3. If the Council, meeting in the composition referred to in paragraph 1 and acting in accordance with that paragraph, finds that the situation of serious and persistent breach referred to in that paragraph has ceased, it shall revoke the measures adopted under paragraph 2.

4. When taking the decisions referred to in paragraphs 1, 2 and 3 above, the Council shall act without taking into account the vote[s] of the representative of the Member State concerned. For the purposes of this Article, the European Parliament shall act by a majority of its component Members and three fifths of the votes cast.".

[38] Artigo 7º – 1. O Conselho, reunido a nível de Chefes de Estado ou de Governo e deliberando por unanimidade, sob proposta de um terço dos Estados-Membros, ou da Comissão, e após parecer favorável do Parlamento Europeu, pode verificar a existência de uma violação grave e persistente, por parte de um Estado-Membro, de algum dos princípios enunciados no nº 1 do artigo 6º, após ter convidado o Governo desse Estado-Membro a apresentar as suas observações sobre a questão.

2. Se tiver sido verificada a existência dessa violação, o Conselho, deliberando por maioria qualificada, pode decidir suspender alguns dos direitos decorrentes da aplicação do presente Tratado ao Estado-Membro em causa, incluindo o direito de voto do representante do Governo desse Estado-Membro no Conselho. Ao fazê-lo, o Conselho terá em conta as eventuais consequências dessa suspensão nos direitos e obrigações das pessoas singulares e colectivas.

Finalmente, no que respeita à superveniência de uma norma de *ius cogens*, a resposta dependerá sempre da abordagem filosófica relativa à questão da juridicidade e fundamentação do Direito internacional e da forma da sua articulação com o Direito interno.

Do exposto resulta claro que não existe uma solução inequivocamente estabelecida pelo Direito originário da Comunidade Europeia, encontrando-se esta, porventura, em alguns dos princípios de Direito internacional que não são expressamente afastados pelo Direito comunitário.

Assim sendo, cumpre analisar qual a posição que nesta matéria o Tribunal de Justiça tem adoptado.

O TJCE pronunciou se reiteradas vezes sobre a irreversibilidade da adesão às Comunidades, apontando-se desde logo o acórdão *Costa c. ENEL*[39], o acórdão *Comissão c. França*[40] e o acórdão *Simmenthal*[41].

Em *Costa c. ENEL* estava em causa um reenvio prejudicial do *giudice conciliatore di Milano*, num processo opondo *Flaminio Costa*, advogado, à *ENEL, Ente Nazionale per l'Energia Eletrica*, entidade

---

O Estado-Membro em questão continuará, de qualquer modo, vinculado às obrigações que lhe incumbem por força do presente Tratado.

3. O Conselho, deliberando por maioria qualificada, pode posteriormente decidir alterar ou revogar as medidas tomadas ao abrigo do nº 2, se se alterar a situação que motivou a imposição dessas medidas.

4. Para efeitos do presente artigo, o Conselho delibera sem tomar em consideração os votos do representante do Governo do Estado-Membro em questão. As abstenções dos membros presentes ou representados não impedem a adopção das decisões a que se refere o nº 1. A maioria qualificada é definida de acordo com a mesma proporção dos votos ponderados dos membros do Conselho em causa fixada no nº 2 do artigo 205º do Tratado que institui a Comunidade Europeia.

O presente número é igualmente aplicável em caso de suspensão do direito de voto nos termos do nº 2.

5. Para efeitos do presente artigo, o Parlamento Europeu delibera por maioria de dois terços dos votos expressos que represente a maioria dos membros que o compõem.

[39] *Costa c. ENEL,* acórdão de 15 de Julho de 1964, P 6/64, Rec 1964, p. 1141.

[40] *Comissão c. França,* acórdão de 14 de Dezembro de 1971, P 7/71, Rec 1971, p. 1003.

[41] *Simmenthal,* acórdão de 9 de Março de 1978, P 106/77, Rec 1978, p. 629.

que tinha recebido os activos das diversas indústrias produtoras de electricidade em Itália que tinham sido objecto de nacionalização. O senhor *Costa*, accionista de uma empresa que havia sido nacionalizada e integrada na *ENEL*, demandou-a em juízo, a propósito de uma factura de electricidade no montante de 1950 liras, invocando a ilegalidade da cobrança face ao artigo 31º do Tratado CE.

A jurisdição nacional solicitou ao Tribunal de Justiça a interpretação do artigo 31º CE, tendo o governo italiano, nas suas observações no processo, sustentado a inadmissibilidade do reenvio prejudicial.

O TJCE, após salientar a diferença entre o tratado CE e os tratados internacionais em geral, na medida em que aquele institui uma ordem jurídica própria integrada nos sistemas jurídicos dos Estados-membros, através da instituição de uma comunidade de duração ilimitada dotada de poderes reais resultantes da limitação de competência dos Estados, afirmou que *"a transferência efectuada pelos Estados, da sua ordem jurídica interna para a ordem jurídica comunitária, dos direitos e obrigações correspondentes às disposições do tratado teve como resultado a limitação definitiva dos direitos soberanos dos Estados."*

Em *Comissão c. França*, uma acção por incumprimento nos termos do artigo 141º CEEA, a França invocou como meio de defesa a caducidade de algumas disposições do tratado CEEA. Salientando que as normas dos tratados que instituem as Comunidades Europeias não caducam, a não ser em consequência de expressa previsão nesse sentido, o Tribunal de Justiça repetiu que *"os Estados-membros acordaram em instituir uma comunidade de duração ilimitada, dotada de instituições permanentes investidas de poderes reais resultantes de uma limitação de competências ou de uma transferência de poderes dos Estados para a comunidade"*.

Com *Simmenthal*, o TJCE teve oportunidade de novamente se pronunciar sobre esta questão. Estava em causa um reenvio prejudicial colocado pelo *Pretore de Susa* a propósito de um litígio, opondo a sociedade *Simmenthal* à Administração de Finanças do Estado, relativamente à cobrança de taxas sanitárias sobre a importação de carnes de bovino.

Um primeiro reenvio prejudicial formulado no mesmo processo, no qual se questionava a legalidade da cobrança, levou o TJCE a pronunciar-se pela incompatibilidade do Direito comunitário com a Lei italiana que a impunha. Perante esse facto, o *Pretore de Susa* ordenou à Administração de Finanças do Estado o reembolso das taxas percebidas ilegalmente.

Sucede que, nos termos da jurisprudência da Corte Constitucional Italiana, à epoca, a verificada incompatibilidade da norma nacional com o Direito comunitário impunha ao juíz de instância a obrigação de suspender o processo e remetê-lo para a Corte Constitucional, na medida em que, por força da constituição italiana, a violação do Direito comunitário se subsume em inconstitucionalidade e a Corte Constitucional é, em Itália, a única jurisdição competente para declarar a inconstitucionalidade.

O objecto da segunda questão prejudicial é precisamente este, o de saber se o juíz nacional está vinculado ao processo de verificação de inconstitucionalidade em causa. Mais que a resposta à questão colocada, é importante para a matéria em análise neste momento, parte da fundamentação utilizada pelo Tribunal:

> *"...(aceitar a produção de efeitos jurídicos a leis nacionais) incompatíveis com as disposições de Direito comunitário equivaleria a negar o carácter efectivo dos compromissos incondicionalmente e irrevogavelmente assumidos pelos Estados-membros em virtude do tratado, colocando em causa as próprias bases da comunidade;"*

Como se verifica, em dois dos três acórdãos referidos, o Tribunal de Justiça utiliza expressões como "limitação definitiva" e "irrevogavelmente assumidos" que apenas podem entender-se como irreversibilidade[42].

---

[42] A irreversibilidade dos compromisso comunitários suscita questões importantes na medida em que a aprovação da adesão de um Estado-membro seja da competência do respectivo Parlamento e seja aceite, nesse Estado o princípio da impossibilidade de vinculação do Parlamento futuro à deliberação do Parlamento presente, como sucede, por exemplo e com grande relevância, no Reino Unido – "No Parliement shall bind the future Parliement".

A noção de imperatividade dos compromissos comunitários está presente na fundamentação do Tribunal de Justiça nos vários acórdãos citados, associada à noção de irreversibilidade que dela é instrumental. Sucede, porém, que o conceito de imperatividade do Direito comunitário vai além da simples imperatividade dos compromissos comunitários, que é apenas uma das vertentes da primeira.

De facto, como afirma o juiz Pescatore, *"les régles de droit communautaire sont «d'ordre public» et doivent être observées également par les parties privées, dans les rapports contractuels."*[43].

Este conceito de ordem pública subjacente à norma comunitária encontra-se expresso no próprio texto do Tratado CE, artigo 81°, no que respeita aos acordos entre empresas restritivos da concorrência, mas foi estendido pela jurisprudência do TJCE a outros tipos de relações horizontais[44].

Imperatividade deverá, então, ser analisada numa tripla vertente, pois que por ela estão abrangidos os Estados-membros, na vertente do cumprimento dos compromissos comunitários, as Instituições da Comunidade, na vertente da legalidade do acto comunitário e os particulares enquanto sujeitos de Direito comunitário.

A primeira vertente, a imperatividade dos compromissos comunitários, fundamenta-se no princípio da boa-fé e, se atendermos à caracterização, quanto ao processo de formação do Direito comunitário originário, na *pacta sunt servanda*, que encontram eco no princípio da cooperação enunciado no artigo 10° do Tratado CE[45], artigo 86° do Tratado CECA e artigo 192° CEEA.

---

[43] PESCATORE, Pierre, in *Aspects judiciares de l'acquis communautaire*, RTDE, 1981, p. 617, cit.

[44] *Defrenne,* acórdão de 8 de Abril de 1976, P 43/75, Rec 1976, p. 455 e *Dansk Supermarked,* acórdão de 22 de Janeiro de 1981, P 58/80, Rec 1981, p. 181.

[45] "Os Estados-membros tomarão todas as medidas gerais ou especiais capazes de assegurar o cumprimento das obrigações decorrentes do presente Tratado ou resultantes de actos das Instituições da Comunidade. Os Estados-membros facilitarão à Comunidade o cumprimento da sua missão.

Os Estados-membros abster-se-ão de tomar quaisquer medidas susceptíveis de pôr em perigo a realização dos objectivos do presente Tratado".

A fundamentação desta imperatividade, bem como o elenco de instrumentos para a sua realização é da maior importância porquanto o processo de integração comunitária assenta num sistema fluído de repartição de competências.

A competência comunitária é uma competência de atribuição regulada por princípios razoavelmente claros e incontroversos, segundo critérios de especialidade e de proporcionalidade, que estabelecem um equilíbrio ou repartição vertical de competências entre a Comunidade e os Estados-membros.

Este sistema fluído é, em princípio, tendencialmente orientado tendo em vista o aprofundamento da integração, o que significa um cada vez maior alargamento da competência comunitária à custa de transferências operadas pelos Estados-membros[46]. As transferências estão, no entanto, como que sujeitas a uma condição suspensiva que se verifica no momento da *"comunitarização"* da competência pelo seu primeiro exercício, tal como afirmado pelo Tribunal de Justiça em *AETR*[47].

O processo conhecido por *AETR* é um recurso de anulação interposto pela Comissão contra uma deliberação do Conselho relativa à negociação e conclusão do Acordo Europeu dos Transportes Rodoviários e a questão de fundo centra-se na repartição de competências entre a Comunidade e os Estados-membros, apontando-se, incidentalmente, a questão da *"comunitarização"* da competência de atribuição.

A este respeito, o TJCE afirmou que *"...sempre que, para executar uma política comum, prevista no Tratado, a Comunidade tiver*

---

[46] Sem pretendermos envolver-nos na discussão doutrinal em curso, parece-nos que a problemática do alargamento da competência comunitária é o campo de aplicação por excelência do princípio da subsidiariedade, que é, do nosso ponto de vista, um princípio eminentemente político. De facto, consideramos que este princípio tem a maior utilidade como critério de decisão sobre a atribuição da competência e não a medida do seu exercício, intervindo, portanto, no momento em que se forma a decisão de atribuir ou não uma determinada competência à Comunidade. Assim mantém-se a juridicidade indispensável dos princípios que permitem ao interprete verificar a existência da competência comunitária (princípio da especialidade) e a legalidade da medida do seu exercício (princípio da proporcionalidade).

[47] *AETR*, acórdão de 31 de Março de 1971, P 22/70, Rec. 971.

adoptado disposições, fixando sob qualquer forma, regras comuns, os Estados-membros ficam sem o direito, quer actuem individual quer colectivamente, de contratar com terceiros Estados obrigações que afectem as regras gerais."

Da análise do sistema podem retirar-se diversas ilações, sendo a primeira e talvez a mais importante, a de que serão vários os tipos de ofensa que podem afectar a imperatividade dos compromissos comunitários. Com efeito, os Estados-membros podem violar as suas obrigações comunitárias praticando acções e omissões no exercício das suas funções clássicas: legislativa, executiva e judicial.

O Direito comunitário prevê mecanismos capazes de sancionar as ofensas contra ele cometidas pelos Estados-membros e nisto consiste a garantia dos compromissos comunitários.

O primeiro destes mecanismos é a acção por incumprimento prevista nos artigos 226º a 228º CE e o segundo o trinómio aplicabilidade directa, primado e reenvio prejudicial em interpretação[48].

A segunda vertente de análise da imperatividade do Direito comunitário fundamenta-se no princípio da legalidade, na medida em que a ele está submetido todo o funcionamento das Comunidades[49]. São instrumentos da sua realização o recurso de anulação, previsto no artigo 230º CE, a acção em omissão, artigo 232º CE e o binómio aplicabilidade directa reenvio prejudicial em apreciação de validade.

Esta solução resulta clara da jurisprudência do Tribunal de Justiça, particularmente no acórdão *Os verdes c. Parlamento Europeu*[50].

Estava em causa um recurso de anulação interposto pelo Partido Ecologista os Verdes contra duas decisões da Mesa alargada do Parlamento Europeu, com diversos fundamentos, entre os quais incompetência e violação do Tratado. Relativamente à questão da legalidade dos actos comunitários, o Tribunal afirmou que *"... a Comunidade Económica Europeia é uma comunidade de direito, na medida em que nem os*

---

[48] Estas questões serão analisadas mais adiante.

[49] MOTA DE CAMPOS, João, *Direito comunitário*, Vol. I, *O direito institucional*, 7ª Edição, Fundação Calouste Gulbenkian, Lisboa, 1995.

[50] *Os verdes c. Parlamento Europeu*, acórdão de 23 de Abril de 1986, P 294//83, Rec 1983, p. 1357.

seus Estados-membros nem as suas instituições estão isentos da fisca-
lização da conformidade dos seus actos com a carta constitucional de
base que é o Tratado. Especialmente por meio dos seus artigos 230° e
241°, por um lado, e do artigo 234°, por outro, o Tratado estabeleceu
um sistema completo de vias de recurso e de procedimentos destinados
a confiar ao Tribunal de Justiça a fiscalização da legalidade dos actos
das instituições...".

A terceira vertente da imperatividade consiste na sua força obrigatória sobre os particulares, tal como referido supra, citando
Pescatore.

Após esta breve referência à irreversibilidade e à imperatividade
do Direito comunitário[51], é chegado o momento de analisarmos os três
princípios fundamentais que integrando o acervo formal, são determinantes para o objecto do nosso estudo.

Secção 2. O PRINCÍPIO DA PLENA EFICÁCIA DA NORMA COMUNITÁRIA

Subsecção 1. A doutrina do efeito útil

No exercício das funções interpretativas que lhe são deferidas
pelos Tratados, o TJCE apela fundamentalmente, desde o acórdão *Van*
Gend en Loos, *"à l'esprit, l'économie et les termes du traité"*[52]. Daqui
decorre que os dois métodos interpretativos mais utilizados pelo Tribunal são o elemento sistemático e o elemento teleológico ou finalista,
o que nos força a concluir que o TJCE se pauta fundamentalmente pelo
princípio da plena eficácia da norma comunitária.

---

[51] Para o juiz Pescatore estes princípios, em conjunto com o princípio do primado, constituem qualidades necessariamente inerentes ao Direito comunitário,
senão mesmo suas condições existenciais.

[52] *Van Gend en Loos*, acórdão de 5 de Fevereiro de 1963, P 26/62, cit.

Este princípio, importado do Direito Internacional, na formulação *ut res magis valeat quam pereat*, adquire na jurisprudência do TJCE uma nova dimensão, carreando ao acto comunitário a maior eficácia possível tendo em vista o seu objectivo.

O alcance comunitário do princípio encontra-se vertido em diversas decisões do TJCE, apontando a doutrina o acórdão *Grad*[53] e o acórdão *AETR*[54] como as suas manifestações mais importantes, o que quanto a nós é algo redutor da sua relevância.

Com efeito, entendemos que talvez o primeiro acórdão em que este princípio se manifestou foi precisamente o acórdão *Van Gend en Loos*. Outra razão não se nos afigura para a consagração da aplicabilidade directa do artigo 25° CE.

Na realidade, o TJCE utiliza em *Van Gend en Loos* o elemento sistemático e o elemento teleológico para a sua interpretação da ordem jurídica comunitária no seu todo e do artigo 25° em particular. Ora, se o artigo 25° CE comporta apenas uma obrigação de *stand still* incumbindo aos Estados-membros, é certo que a esta obrigação estadual corresponde um direito dos nacionais dos Estados-membros: o direito de não lhe serem impostas obrigações decorrentes de um acto nacional contrário à norma comunitária em questão. Negar a existência deste direito dos particulares seria diminuir, senão mesmo eliminar, o efeito útil do artigo 25° CE.

Este terá sido, no nosso ponto de vista, o raciocínio determinante da construção do princípio da aplicabilidade directa, tal como elaborado em *Van Gend en Loos* e desenvolvido e clarificado em *Simmenthal*[55]. Como nota o Professor J. V. Louis[56], que parece de certa forma adoptar esta posição, é uma constante do TJCE, nas suas pronúncias sobre a aplicabilidade directa das normas dos Tratados, a verificação da existência, na dita norma, de uma obrigação de *non facere*[57], sempre se

---

[53] *Grad*, acórdão de 6 de Outubro de 1970, P 9/70, Rec 1970, p. 825.

[54] *AETR*, acórdão de 31 de Março de 1971, P 22/70, Rec 1971, p. 263.

[55] *Simmenthal*, acórdão de 9 de Março de 1978, P 106/77, cit.

[56] LOUIS, J. V. *L'ordre Juridique Communautaire*, 6ª Edição, Comissão das Comunidades Europeias, Bruxelas, 1993, p. 131.

[57] *Costa c. ENEL*, acórdão de 15 de Julho de 1964, P 6/64, Rec 1964, p. 1143; *Salgoil*, acórdão de 19 de Dezembro de 1968, P 13/68, Rec 1968, p. 212; *Lutticke,*

considerando que a sua plena eficácia ficaria diminuída na ausência da produção de efeito directo.

Este mesmo princípio terá estado na base do raciocínio jurídico determinante do reconhecimento da produção de efeito directo às normas constantes de directivas, tal como definido pelo TJCE no seu acórdão *Van Duyn*[58].

Subsecção 2. **O princípio da aplicabilidade directa da norma comunitária**

O princípio da aplicabilidade directa da norma comunitária é um dos elementos integrantes do qualificado *"acquis formel"*[59] e é um dos princípios determinantes da articulação entre a ordem jurídica comunitária e as diversas ordens jurídicas nacionais dos Estados-membros, constituindo, para as jurisdições nacionais, um mandato específico: o de aplicar, nos litígios que lhe são apresentados, as normas comunitárias relevantes, atendendo, sempre que seja o caso, à norma de solução de conflitos consubstanciada pelo princípio do primado, que investe ele próprio, um segundo mandato específico.

A aplicabilidade directa, em conjugação com o primado, levam à constituição de um terceiro mandato a favor das jurisdições nacionais: o de realizar, através do exercício da função jurisdicional nacional, a plena eficácia da norma comunitária. Esta construção jurisprudencial, de aceitação pacífica nos dias que correm, não será eventualmente isenta de críticas.

Com efeito, a leitura atenta do direito originário das Comunidades Europeias parece apontar soluções algo diversas, pelo menos se proce-

---

acórdão de 16 de Junho de 1966, P 57/65, Rec 1966, p. 294; *Diamanterbeiders,* acórdão de 1 de Julho de 1969, P 2/69, *SACE,* acórdão de 17 de Dezembro de 1970, P 33/70, Rec 1970, p. 1213; *Capolongo,* acórdão de 19 de Junho de 1973, P 77/72, Rec 1973, p. 611; *Eunomia,* acórdão de 26 de Outubro de 1971, P 18/71, Rec 1971, p. 811, entre outros.

[58] *Van Duyn,* acórdão de 4 de Dezembro de 1974, P 41/74, Rec 1974, p. 1337, considerando 12.

[59] Ver supra, Pescatore, cit.

dermos a uma interpretação literal do artigo 249º do Tratado que institui a Comunidade Europeia, à luz do princípio clássico de Direito Internacional no que respeita à aplicabilidade directa da norma jurídica.

Na realidade, a resposta clássica à questão da aplicabilidade directa da norma internacional era a sua recusa como regra e aceitação como excepção[60].

No que respeita ao Direito comunitário derivado, a questão seria porventura mais clara, na medida em que, atento o artigo 249º CE, apenas os actos revestindo a natureza regulamentar beneficiariam de aplicabilidade directa.

Como se verifica, a questão é complexa e a análise da aplicabilidade directa da norma comunitária deverá ser efectuada parcelarmente, tendo em atenção a fonte em que a norma se encontra vertida. Assim, será objecto de estudo a aplicabilidade directa das normas do direito originário, das directivas, decisões e dos acordos internacionais celebrados pelas Comunidades.

Antes disso, porém, convirá esclarecer uma questão terminológica sobre o conteúdo e alcance da distinção entre aplicabilidade directa e efeito directo.

Com efeito, será que, como a jurisprudência do TJCE parece consagrar, estamos perante duas expressões sinónimas, ou ao contrário, estamos perante duas realidades intimamente relacionadas, mas distintas?

Aplicabilidade directa no sentido de vigência interna, efeito directo no sentido de invocabilidade perante o juiz, a primeira incluindo a segunda, que dela é consequência, ou ambas no sentido invocabilidade perante o juiz?

A jurisprudência inicial parecia levar em conta que a produção de efeito directo estava em relação directa com a outorga de direitos subjectivos aos particulares, mas a evolução da jurisprudência levou a um alargamento desta noção, que actualmente parece significar invoca-

---

[60] A este respeito, MOTA DE CAMPOS, João, *Direito comunitário*, Vol. II, *O ordenamento jurídico comunitário*, 4ª Edição, Fundação Calouste Gulbenkian, Lisboa, 1994, p. 204 e sgs.

bilidade, ainda que mais não seja, quando não estejam preenchidos os requisitos do efeito directo, através do mecanismo da interpretação conforme, que analisaremos infra. De uma forma ou outra, em qualquer caso estamos perante uma invocabilidade da norma em juízo[61].

Na realidade, o Tribunal afirma que as disposições comunitárias directamente aplicáveis são *"uma fonte imediata de direitos e obrigações"* para todos os que por elas são afectados, ignorando a questão doutrinal da distinção entre aplicabilidade directa e efeito directo. Para ele, é directamente aplicável toda a disposição produzindo efeito directo, notando-se, no entanto, nalguma jurisprudência, a distinção entre a verticalidade e a horizontalidade dos efeitos produzidos, bem como a inadmissibilidade, em certos casos, da produção de efeitos horizontais[62].

A primeira vez que o TJCE tomou posição sobre a aplicabilidade directa das normas comunitárias foi relativamente ao artigo 25° CE, no seu acórdão *Van Gend en Loos*[63], a propósito de uma questão que lhe foi colocada pelo *Tariefcommissie* neerlandês, através da qual o TJCE é interrogado sobre *"se o artigo 25 do tratado tem um efeito imediato em Direito interno, no sentido dos nacionais dos Estados-membros puderem fazer valer, com base neste artigo direitos que o juíz nacional deva salvaguardar"*.

Na sua resposta à *Tariefcommissie*, o TJCE não formula uma definição clara do que seja aplicabilidade directa, mas, mediante uma interpretação finalista do Tratado CE, o TJCE responde pela afirmativa: *"segundo o espírito, a economia e o texto do tratado, o artigo 25° deve ser interpretado no sentido de produzir efeitos imediatos e gerar direitos individuais que as jurisdições internas devem slavaguardar"*.

A conclusão obtida funda-se na análise, em primeiro lugar, do próprio artigo 25°. Com efeito, o TJCE constata que a norma em causa

---

[61] Idem, MOTA DE CAMPOS, João, cit, p. 245 e sgs.

[62] *Van Duyn,* acórdão de 4 de Dezembro de 1974, P 41/74, cit. e, posteriormente, *Ratti,* acórdão de 5 de Abril de 1979, P 148/78, Rec 1979, p. 1629; *Rutili,* acórdão de 28 de Outubro de 1975, P 36/75, Rec 1975, p. 1219; *Boucherau,* acórdão de 27 de Outubro de 1977, P 30/77, Rec 1977, p. 1999.

[63] *Van Gend en Loos,* acórdão de 5 de Fevereiro de 1963, P 26/62, Rec 1963.

estabelece uma interdição clara e incondicional que comporta uma obrigação de *non facere*. Acresce que esta obrigação não se encontra sujeita a qualquer reserva à sua concretização pela intervenção positiva dos Estados-membros, pelo que a proibição em questão é perfeitamente adequada à produção de efeitos nas relações entre os Estados-membros e os seus nacionais.

Esta construção é clássica. Com efeito, como aponta o Prof. Waelbroeck, *"de touts temps, la jurisprudence nationale a reconnu aux particuliers le droit de se fonder sur les dispositions d'un traité international imposant des obligations à l'Etat pour faire écarter l'application de mesures nationales contraire à ces obligations..."*[64].

O elemento novo é que, em *Van Gend en Loos*, a aplicabilidade directa é considerada integrante da própria natureza da ordem jurídica comunitária, de uma forma que porventura se desenvolveu e esclareceu no Parecer 1/91: *"Segundo uma jurisprudência constante do Tribunal de Justiça, os tratados comunitários instauraram uma nova ordem jurídica em favor da qual os Estados limitaram, em domínios cada vez mais alargados os seus direitos soberanos e cujos sujeitos são, não apenas os Estados-membros mas igualmente os seus nacionais"*[65].

O alcance do princípio da aplicabilidade directa terá sido insuspeito no momento da sua formulação. No entanto, o desenvolvimento posterior que lhe foi dado pelo TJCE revelou um potencial inimaginável.

Com efeito, por solicitação das jurisdições nacionais através do mecanismo do reenvio prejudicial, o TJCE começou por reconhecer o efeito directo das normas dos Tratados impondo uma obrigação de abstenção, passando em seguida a normas contendo obrigações positivas[66], a normas contendo obrigações estritamente processuais[67] e

---

[64] WAELBROECK, *L'immédiateté communautaire, caractéristique de la supranationalité*, in *Le droit international demain*, La Haye, 1974, p. 86.

[65] *Espace économique européen*, Parecer 1/91, de 14 de Dezembro de 1991, Rec 1991, p. I-6079.

[66] *Lutticke*, acórdão de 16 de Junho de 1966, P 57/65, Rec 1966, p. 302.

[67] *Lorenz*, acórdão de 11 de Dezembro de 1973, P 120/73, Rec 1973, p. 1483.

finalmente a actos obrigatórios de direito derivado enumerados no artigo 249º CE[68].

Para uma boa parte da doutrina o acórdão Simmenthal[69] teria cristalizado o conceito de aplicabilidade directa: *"a aplicabilidade directa significa que as regras de direito comunitário devem produzir a plenitude dos seus efeitos, de uma maneira uniforme em todos os Estados--membros, a partir da sua entrada em vigor e durante toda a sua vigência; (...) assim, estas disposições são uma fonte imediata de direitos e obrigações para todos aqueles a que dizem respeito, quer se tratem de Estados-membros ou de particulares que sejam partes em relações jurídicas relevantes para o direito comunitário; (...) este efeito afecta também todo o juíz que, chamado a estatuir no quadro da sua competência, tem, enquanto órgão de um Estado-membro, por missão proteger os direitos conferidos aos particulares pelo direito comunitário"* [70]

A aplicabilidade directa é construída, num primeiro momento, colocando em relação imediata direitos subjectivos dos particulares e obrigações dos Estados-membros, por um lado e a aplicação uniforme da norma comunitária, por outro, tendo em vista a realização da sua plena eficácia.

Esta afirmação será, no entanto, desmentida pela própria jurisprudência do TJCE. Com efeito, no acórdão *Costa c. ENEL*[71], o TJCE reconheceu a aplicabilidade directa da última frase do número 3 do artigo 88º CE.

Sucede que da leitura atenta do normativo não resulta claro a atribuição de um direito subjectivo a favor dos particulares. Do normativo resulta, outrossim, a ilegalidade do comportamento estadual que viole o dever de notificação e a obrigação de *stand still* correspondente.

Nesta situação aos particulares pode assistir, sem dúvida, um interesse legítimo em agir, sem que dele se possa, no entanto, extrapolar a existência de um direito subjectivo.

---

[68] *Van Duyn*, acórdão de 4 de Dezembro de 1974, P 41/74, Rec 1974 p. 1337.

[69] *Simmenthal*, acórdão de 9 de Março de 1978, P106/77, cit.

[70] *Simmenthal*, acórdão de 9 de Março de 1978, P106/77, cit.

[71] *Costa c. ENEL*, acórdão de 15 de Julho de 1964, P 6/64, cit.

Neste mesmo sentido aponta a consagração originária do poder cognitivo do juiz nacional quanto à ilegalidade do acto comunitário derivado, que resulta clara do artigo 234° CE.

Com efeito, sempre que a ilegalidade decorra da violação de normas originárias respeitantes à validade formal do acto comunitário, tal como, por exemplo, a obrigatoriedade de consulta ao PE, será no mínimo forçado afirmar que dessa norma originária estabelecendo o equilíbrio interinstitucional comunitário resultem direitos subjectivos a favor de qualquer particular. A existência de interesse em agir é inquestionável.

A construção jurisprudencial de aplicabilidade directa, existente já em *Van Gend en Loos*, traz implícita em si a própria noção de primado.

Com efeito, como afirma o prof. J. V. Louis[72], *"L'arrêt Van Gend en Loos contenait en germe l'arrêt Costa c. ENEL. Le fait n'est pas apparu à tous avec une égale évidence, mai il est désormais caractérisé par le recours à la formule due à Robert Kovar: l'effet bloquant du droit communautaire directment applicable. Celui-ci ne se conçoit que comme supérieur à l'égard duquel il reste autonome."*

Assente o princípio da aplicabilidade directa de normas constantes dos Tratados comunitários, importa saber se este princípio se manifesta também no âmbito das relações horizontais, ou seja, nas relações entre particulares.

A primeira vez que o TJCE se pronunciou sobre os efeitos horizontais das normas dos Tratados que instituem as Comunidades Europeias foi no acórdão *Walrave*[73], a propósito de um litígio que opunha o senhor *Walrave*, treinador de ciclismo, à União Ciclista Internacional.

O regulamento interno da União Ciclista Internacional interditava a possibilidade de treinador e ciclista terem diferentes nacionalidades. Face ao regulamento, a pretensão do senhor *Walrave* seria negada.

---

[72] Louis, J. V., Vandersanden, G., Waelbroeck, D., & Waelbroeck M., *Commentaire Megret, Le Droit de la CEE, Vol X, La Cour de Justice, Les actes des institutions*, 2ª Edição, Collection Études Européennes, Université de Bruxelles, 1993, p. 546.

[73] *Walrave*, acórdão de 12 de Dezembro de 1974, P 37/74, Rec 1974, p. 1405.

Considerando o regulamento contrário ao Direito comunitário, o senhor *Walrave* invocou em sua defesa o então artigo 7º, o artigo 39º e 49º CE, que, no seu entender, se impunham de igual modo aos Estados--membros e bem assim aos particulares.

Recorrendo ao elemento literal do artigo 39º e 49º CE, bem como ao elemento teleológico e ainda ao efeito útil das disposições dos Tratados, o TJCE concluiu pela aplicabilidade das referidas normas do Tratado às relações entre particulares.

Esta questão foi clarificada ainda, se porventura necessário fosse, pela pronúncia do TJCE no acórdão *Defrenne*[74].

A menina *Defrenne*, hospedeira de bordo da *Sabena*, intentou uma acção perante o Tribunal belga competente, tendo em vista o ressarcimento dos prejuízos que considerava ter sofrido em consequência de uma prática salarial discriminatória entre trabalhadores masculinos e femininos.

Este direito fundava-se, no seu entender, no artigo 141º CE, que para o efeito seria aplicável tanto aos Estados-membros como à generalidade dos operadores económicos.

O problema foi colocado ao TJCE pela jurisdição competente, que questionou a produção de efeitos horizontais pela norma do artigo 141º CE.

A resposta do TJCE foi afirmativa, concluindo pela produção de efeitos em relações horizontais, sendo certo que o Tribunal entendeu por bem, neste caso, limitar no tempo os efeitos da sua pronúncia, numa decisão de legalidade duvidosa[75].

---

[74] *Defrenne,* acórdão de 8 de Abril de 1976, P 43/75, Rec 1976, p. 455.

[75] Parece questionável, face ao Direito originário, que o TJCE tenha este poder de limitar ou determinar quais os efeitos dos seus acórdãos prejudiciais. Aceitar a existência desse poder significa, quanto a nós, o reconhecimento de natureza constitutiva aos acórdãos prejudiciais. Ora, se atendermos a que o reenvio prejudicial em interpretação pretende salvaguardar, perante a jurisdição nacional, os mesmos interesses comunitários que são prosseguidos pela acção por incumprimento, torna-se manifesto que o acórdão por prejudicial apenas pode ter natureza declarativa. Se assim é, o TJCE excedeu manifestamente os poderes que lhe assistem, sem que na realidade esse comportamento fosse necessário.

Estabelecida nestes termos a aplicabilidade directa do Direito originário, qual será a solução no que respeita à aplicabilidade directa das normas constantes de acordos internacionais celebrados pelas Comunidades?

As Comunidades Europeias têm personalidade jurídica internacional, o que significa que, no âmbito das suas atribuições, são titulares de *ius tractum*[76], de cujo exercício resultam acordos internacionais que, em princípio, se regem pelas regras do Direito internacional.

A questão fundamental suscitada, a este propósito, é a da invocabilidade em juízo, pelos particulares, das normas constantes de convenções internacionais concluídas pelas Comunidades.

A aplicação dos princípios de Direito internacional clássico levaria a negar, em princípio, essa invocabilidade; no entanto, dada a interpretação efectuada pelo TJCE relativamente a normas dos Tratados que instituem as Comunidades Europeias, a dúvida é de imediato suscitada.

A primeira vez que o Tribunal de Justiça foi chamado a pronunciar--se sobre a questão foi no processo *Polydor c. Harlequin Record Shops*[77], tendo o Tribunal evitado o problema; viria a resolvê-lo pouco tempo depois, no processo *Hauptzollamt Mainz c. CA Kupferberg & Cie KG*[78].

Estava em causa um reenvio prejudicial do *Bundesfinanzhof* num litígio opondo *Hauptzollamt Mainz* a *CA Kupferberg & Cie KG*, a pro-

---

Com efeito, resulta claramente do artigo 234º CE que o poder de aplicar a interpretação do TJCE incumbe às jurisdições nacionais, de acordo com o seu direito processual interno. Ora, o objectivo prosseguido pelo TJCE, a razoabilidade da sua pronúncia, seria sempre obtido pelo recurso ao direito interno em matéria de prescrição (a este respeito, LOUIS, J. V., VANDERSANDEN, G., WAELBROECK, D., & WAELBROECK M., *Commentaire Megret, Le Droit de la CEE, Vol X, La Cour de Justice, Les actes des institutions*, 2ª Edição, Collection Études Européennes, Université de Bruxelles, 1993, p. 265 e MOTA DE CAMPOS, João, *Direito comunitário*, Vol. II, *O Ordenamento Jurídico*, 4ª Edição, Fundação Calouste Gulbenkian, Lisboa, 1994).

[76] MOTA DE CAMPOS, João, *Direito Comunitário*, Vol. I, *O direito institucional*, 7ª Edição, Fundação Caloute Gulbenkian, Lisboa, 1995, p. 587 e sgs.

[77] *Polydor c. Harlequin Record Shops*, acórdão de 9 de Fevereiro de 1982, P 270/80 Rec 1982.

[78] *Hauptzollamt Mainz c. CA Kupferberg & Cie KG*, acórdão de 26 de Outubro de 1982, P 104/81, Rec 1982.

pósito da aplicação do artigo 21º de um acordo internacional entre a Comunidade Europeia e Portugal, anterior à adesão, no sentido de saber da sua invocabilidade em juízo.

O TJCE, salientou que as disposições dos acordos internacionais celebrados pela Comunidade são imperativas para as Instituições Comunitárias e para os Estados-membros e nessa medida fazem parte da ordem jurídica comunitária.

Assim sendo, a natureza comunitária das disposições em causa não permite que o seu efeito varie consoante a sua aplicação seja efectuada pelas Instituições comunitárias ou pelos Estados-membros e, designadamente, em função das regras nacionais relativas à vigência interna do Direito internacional, pelo que, verificadas as condições necessárias para a aplicabilidade directa, estipuladas na jurisprudência do Tribunal, lhes deverá ser reconhecido efeito directo.

Quanto aos Regulamentos, bem como às Decisões, a sua aplicabilidade directa não levanta actualmente quaisquer dúvidas, pelo que nos dispensamos de alongar considerações nesta matéria[79].

A questão da aplicabilidade directa das normas constantes de Directivas colocou-se pela primeira vez enquanto questão principal no acórdão *Van Duyn*[80], se bem que a questão já houvesse sido anteriormente abordada pelo TJCE[81]. O acórdão em apreço foi proferido em sede de uma questão prejudicial, colocada pela *Chancery Division of High Court of Justice* de Inglaterra, a propósito de um litígio entre a senhora *Yvonne Van Duyn*, nacional holandesa, e o *Home Office*, tendo por objecto a interpretação do artigo 39º CE e o artigo 3º da Directiva 64/221/CEE de 25 de Fevereiro de 1964.

A jurisdição inglesa pretendia saber, através de três questões prejudiciais, se o artigo 39º CE comporta uma norma directamente aplicável, no sentido de ser directamente invocável pelos particulares perante uma jurisdição de um Estado-membro, se a Directiva 64/221/CEE é

---

[79] Para desenvolvimento sobre a questão, veja-se MOTA DE CAMPOS, João, *Direito comunitário*, Vol. II, *O Ordenamento Jurídico*, 4ª Edição, Fundação Calouste Gulbenkian, Lisboa, 1994.

[80] *Van Duyn*, acórdão de 4 de Dezembro de 1974, P 41/74.

[81] *SACE*, acórdão de 17 de Dezembro de 1970, P 33/70, Rec 1970, p.

directamente aplicável no sentido de conferir aos particulares direitos que possam fazer valer em justiça, e ainda uma questão relativa à interpretação do artigo 3° da Directiva.

Na sua resposta à segunda questão, o TJCE afirmou que *"...se, em virtude das disposições do artigo 249°, os regulamentos são directamente aplicáveis e, por consequência, pela sua natureza susceptíveis de produzir efeitos directos, isso não significa que outras categorias de actos incluídos neste artigo não possam jamais produzir efeitos análogos; (...) que seria incompatível com o efeito obrigatório que o artigo 249° reconhece à directiva, excluir em princípio que a obrigação que ela impõe possa ser invocada pelas pessoas a que diz respeito; (...) que, particularmente nos casos em que as autoridades comunitárias tenham por directiva, obrigado os Estados-membros a adoptar um comportamento determinado, o efeito útil de tal acto se encontraria enfraquecido se os particulares fossem impedidos de dele se prevalecer em juízo e as jurisdições nacionais impedidas de o tomar em consideração enquanto elemento de direito comunitário..."*

Esta primeira tomada de posição relativamente à aplicabilidade directa das normas constantes de directivas foi largamente desenvolvida pelo TJCE[82], mantendo, no entanto, intocados os traços fundamentais da construção e, no estado actual do Direito comunitário parece possível afirmar que a norma da Directiva será invocável em juízo contra o Estado-membro incumpridor[83], desde que

---

[82] *Becker*, acórdão de 19 de Janeiro de 1982, P 8/81, p. 53; *Fratelli Constanzo*, acórdão de 22 de Junho de 1989, P 103/88, Rec 1989, p. 1839; *Wagner Miret*, acórdão de 16 de Dezembro de 1993, P C-334/92, Rec 1993, p I-6911; *Faccini Dori*, acórdão de 14 de Julho de 1994, P C-91/92, Rec 1994, p. 3347; *World Wildlife Fund*, acórdão de 7 de Março de 1996, P C-118/94, Rec 1996, I-1223.

[83] O conceito de Estado-membro incumpridor é um conceito amplo, que abrange diversas manifestações do estado, cfr. *Marshall,* acórdão de 26 de Fevereiro de 1986, P 152/84, Rec 1986, p. 737 e *Foster,* acórdão de 12 de Julho de 1990, P C-188/89, Rec 1990. Com *Foster* o Tribunal de Justiça sumariou a sua jurisprudência anterior, considerando que o conceito de estado abrange qualquer entidade que esteja submetida à autoridade ou controlo do estado ou que esteja dotado de poderes especiais que vão para além daqueles que normalmente se encontram na esfera jurídica do individuo.

precisa e incondicional, tanto por via de excepção como por via de acção[84].

Serão as normas das Directivas invocáveis em litígios entre particulares?

Da jurisprudência citada e pela própria natureza sancionatória associada à aplicabilidade directa da norma da Directiva, é razoável admitir, como aliás é pacificamente aceite pela doutrina, que a Directiva não pode ser invocada em litígios entre particulares.

A impossibilidade de invocar normas constantes de Directivas em litígios entre particulares resulta perfeitamente clara no acórdão *Marshall*[85].

Estava em causa um reenvio prejudicial num litígio opondo a senhora *Marshall* à *Southampton and South-West Hampshire Area Health Authority*, relativamente à aplicação do *Social Security Act* de 1975 e à interpretação da Directiva 76/207/CEE.

O reenvio prejudicial continha diversas questões, a segunda das quais tinha por objecto a invocabilidade em juízo do nº 1 do artigo 10º da Directiva.

Nas suas observações, o governo britânico defendeu a ininvocabilidade da norma, considerando que, sendo certo que as normas constantes de directivas podem, em circunstâncias excepcionais, produzir efeitos directos, tal não seria o caso pois a demandada no processo principal seria equiparada a uma pessoa colectiva privada.

Em resposta a esta argumentação, o Tribunal de Justiça sublinhou que *"Quanto ao argumento de que uma directiva não pode ser invocada contra um particular, é conveniente sublinhar que segundo o artigo 249º do Tratado, o carácter vinculativo de uma directiva, sobre o qual se baseia a possibilidade de a invocar perante um tribunal nacional, existe apenas relativamente ao Estado-membro destinatário. Do que resulta que uma directiva não pode, por si só, criar obrigações*

---

[84] A este respeito, MOTA DE CAMPOS, João, *Direito comunitário*, Vol. II, *O Ordenamento Jurídico*, 4ª Edição, Fundação Calouste Gulbenkian, Lisboa, 1994, p. 294 e sgs.

[85] *Marshall*, acórdão de 26 de Fevereiro de 1986, P 152/84, Rec 1986, p. 737.

na esfera jurídica de um particular e que uma disposição de uma directiva não pode ser, portanto, invocada, enquanto tal, contra tal pessoa...".

O Tribunal de Justiça retomou e clarificou esta posição em diversos acórdãos posteriores, destacando-se *Marleasing*[86] e *Faccini Dori*[87].

No primeiro processo estava em causa um reenvio prejudicial efectuado pelo *Juzgado de Primera Instancia e Instrucción nº 1* de Oviedo, num processo opondo a sociedade *Marleasing* à sociedade *la Comercial de Alimentación.*

O reenvio prejudicial continha apenas uma questão, relativa à interpretação do artigo 11º da Directiva 68/151/CEE, no sentido de averiguar se a norma em causa é susceptível de produzir efeito directo.

Sobre a invocabilidade em juízo de normas de directivas em litígios entre particulares, o Tribunal afirmou: *"Quanto a saber se um particular pode invocar a directiva contra uma lei nacional, deve recordar-se a jurisprudência constante do Tribunal, segundo a qual uma directiva não pode, por si própria, criar obrigações na esfera de um particular e, por conseguinte, a disposição de uma directiva não pode ser invocada, enquanto tal, contra essa pessoa...".*

Com *Faccini Dori* o Tribunal de Justiça foi ainda mais claro nesta matéria. Estava em causa um reenvio prejudicial do *Giudice conciliatore di Firenze*, num processo opondo a senhora *Faccini Dori* à sociedade *Recreb*, relativamente a um contrato negociado entre ambos fora de estabelecimento comercial.

A questão colocada pela jurisdição nacional tinha por objecto a interpretação da Directiva 85/577/CEE, relativa à protecção dos consumidores no caso de contratos negociados fora dos estabelecimentos comerciais e, designadamente, saber se, na ausência de acto nacional de transposição, a directiva poderia ser invocada em tribunal num litígio entre particulares.

---

[86] *Marleasing,* acórdão de 13 de Novembro de 1990, P C-106/89, Rec 1990, p. 4156.

[87] *Faccini Dori*, acórdão de 14 de Julho de 1994, P C-91/92, Rec 1994, p. 3347.

No considerando número seis, o Tribunal afirmou: *"Quanto a saber se um particular pode invocar a directiva contra uma lei nacional, deve recordar-se a jurisprudência constante do Tribunal, segundo a qual uma directiva não pode, por si própria, criar obrigações na esfera de um particular e, por conseguinte, a disposição de uma directiva não pode ser invocada, enquanto tal, contra essa pessoa (acórdão de 26 de Fevereiro de 1986, Marshal, 152/84, Colect. P. 273)."*

A questão assume porventura contornos menos claros quando se continua a leitura do acórdão. Com efeito, o Tribunal, apelando a jurisprudência anterior, recorreu ao princípio da interpretação conforme[88], impondo ao juiz de reenvio a obrigação de interpretar o seu Direito interno à luz do resultado prescrito na Directiva.

Para alguma doutrina esta pronúncia significou, de alguma forma, um certo reconhecimento da produção de efeitos horizontais às normas das Directivas e foi, por isso, francamente criticada. A jurisprudência *Marleasing* será analisada com pormenor mais adiante.

SUBSECÇÃO 3. **O princípio do primado do Direito comunitário**

O princípio do primado[89] é uma exigência existencial do Direito comunitário[90] e, na medida em que ao contrário do que acontece nos diversos sistemas federais, não existe nos Tratados qualquer norma de solução de conflitos, coube ao TJCE a sua formulação por via jurisprudencial no acórdão *Costa c. ENEL*[91]: *"(...) resulta do conjunto destes*

---

[88] Sobre o princípio da interpretação conforme, *infra*.

[89] O princípio do primado é de alguma forma assimilado ao princípio da aplicação preferente analisado pela doutrina jurídica alemão, pois a sua formulação não implica a revogação da norma anterior nem a invalidade da norma posterior incompatíveis com a norma preferente. A respeito do princípio da aplicação preferente veja-se, na literatura jurídica nacional CANOTILHO, J. J. Gomes, *Direito Constitucional*, 6ª Edição, Almedina, Coimbra, 1996.

[90] PESCATORE, Pierre, *L'ordre juridique des Communautés Européennes*, Liège, Presses universitaires, 2ª Edição, 1973; "Aspects judiciaires de l'acquis communautaire", RTDE, 1981, p. 619 ss.

[91] *Costa c. ENEL*, acórdão de 15 de Julho de 1964, P 6/64, cit..

elementos, que emitido por uma fonte autónoma, o direito nascido dos tratados não poderá, em razão da sua natureza específica original, ver-se judicialmente contrariado por um texto interno de qualquer natureza sem perder o seu carácter comunitário e sem que seja posta em causa a base jurídica da própria comunidade"[92].

A formulação do princípio demonstra uma ligação evidente entre a jurisprudência *Costa c ENEL* e *Van gend en Loos*[93] pois que nela se inclui a expressão *judicialmente contrariado*. Ora, só existe conflito de normas perante jurisdicções quando as normas em causa são directamente aplicáveis, pelo que é sem duvida alguma através do primado que o comando comunitário imposto ao juiz nacional pela aplicabilidade directa se torna imperativo[94].

A questão do primado foi reiteradamente retomada pelo Tribunal de Justiça[95], até que no Parecer 1/91, *Espace Economique Euro-*

---

[92] *Costa c. ENEL,* acórdão de 15 de Julho de 1964, P 6/64, p. 1160.

[93] *Van Gend en Loos,* acórdão de 5 de Fevereiro de 1963, P 26/62, Rec 1963.

[94] VAN DER MEERSCH, Ganshof, *L'ordre juridique des Communautés Européennes et le droit international*, RCADI, 1975, P. 248, pp 254.

[95] *Firma Gebrueder Lueck c Hauptzollamt Koeln – Rheinau*, Acórdão de 4 de Abril de 1968, P 34/67, Rec 1968, 359; *Walt Wilhelm*, acórdão de 13 de Fevereiro de 1969, P 14/68, Rec 1969, 1; *Internationale Handelsgesellschaft*, acórdão de 17 de Dezembro de 1970, P 11/67, Rec 1970, 1125; *Variola,* acórdão 10 de Outubro de 1973, P 34/73, Rec 1973, 981; *Comissão c. França*, acórdão de 4 de Abril de 1974, P 167/73, Rec 1974, 359; *Comet,* acórdão de 16 de Dezembro de 1976, P 45/76, Rec 1976, 2043; *Simmenthal*, acórdão de 9 de Março de 1978, P 106/77; *Pigs Marketing Board*, acórdão de 29 de Novembro de 1978, P 83/78, Rec 1978, 2347; *Pigs and Bacon*, acórdão de 26 de Junho de 1979, P 177/78, Rec 1979, 2161; *Guerlain sa*, acórdão de 10 de Julho de 1980, P 253/78, Rec 1980, 2327; *Comissão c. Itália*, acórdão de 10 de Janeiro de 1980, P 267/78, Rec 1980, 31; *Sanicentral,* acórdão de 13 de Novembro de 1979, P 25/79, Rec 1979, 3423; *Denkavit*, acórdão de 27 de Março de 1980, P 61/79, Rec 1980, 1205; *Maizena*, acórdão de 29 de Outubro de 1980, P 139/79, Rec 1980, 3393; *Gaetano*, acórdão de 15 de Janeiro de 1981, P 1322/79, Rec 1981, 127; *SIOT*, acórdão de 16 de Março de 1963, P 266/81, Rec 1981, 731; *SPA (SPI)* acórdão de 16 de Março de 1983, P 267/81, Rec 1983, p 801; *Duijnstee*, acórdão de 15 de Novembro de 1983, P 288/82, Rec 1982, p 3663; *Itália c. Comissão*, acórdão de 20 de Março de 1985, P 41/83, Rec 1983, p. 873; *Comissão c. França*, acórdão de 4 de Dezembro de 1986, P 220/83, Rec 1983, p. 3663; *Comissão c. Dinamarca*, acórdão de 4 de Dezembro de 1986, P 252/83, Rec 1986, p 3713; *Comissão c.*

péen[96], o primado surge com uma formulação um pouco mais abrangente, como que determinando uma hierarquia entre o Direito comunitário e o Direito interno: *"As caracterísitcas essenciais da ordem jurídica comunitária (...) são em particular o seu primado em relação aos direitos dos Estados-membros, bem como o efeito directo de toda uma série de disposições aplicáveis aos seus nacionais e a eles próprios"*[97].

Esta formulação, ainda mais que a anterior, coloca dois problemas que, apesar de já raramente discutidos pela doutrina, deverão ainda ser analisados, tanto mais que a actualidade se caracteriza por um alargamento da influência do Direito comunitário ao nível da regulamentação nacional relativa ao exercício da autoridade judicial.

A primeira questão é a fundamentação do princípio, que tem sido estabelecida pelo Tribunal de Justiça sem qualquer sustentáculo nas próprias constituições dos Estados-membros[98], apelando à especificidade própria do Direito comunitário, à necessidade da uniformidade de aplicação e interpretação e à salvaguarda do seu efeito útil, ou seja, o primado funda-se na necessidade de garantir a imperatividade do Direito comunitário.

Se é certo que o princípio está razoavelmente aceite pelas jurisdições nacionais[99], é também certo que é talvez chegado o momento de reflectir sobre a sua fundamentação[100].

Irlanda, acórdão de 4 de Dezembro de 1986, P 206/84, Rec 1986, p. 3817; *Comissão c. Itália*, acórdão de 15 de Outubro de 1986, P 168/85, Rec 1986, p. 2945; *Margarinefabrik,* acórdão de 21 de Maio de 1987, P 249/85, Rec 1987, p. 2345; *Comissão c. Itália*, acórdão de 24 de Março de 1988, P 104/86, Rec 1986, p. 1799; *Factortame*, acórdão de 19 de Junho de 1990, P C-213/89, Rec 1989, p. I-24.

[96] *Espace Economique Européen,* Parecer 1/91, de 14 de Dezembro de 1991, Rec 1991, p. 6079, considerando 21.

[97] A expressão utilizada, *ordre juridique communautaire* é uma expressão que nos desagrada pela sua conotação dualista. No entanto, é frequente a sua utilização pelo TJCE.

[98] Excepção feita para a Irlanda.

[99] SIMON, D., *Les exigences de la primauté du Droit Communautaire: continuité ou métamorphoses?* in Mélanges Boulouis, p. 481.

[100] Justificaremos esta afirmação *infra*, após a análise de algumas questões pertinentes incluídas, por razões de ordem sistemática, no Capítulo II.

Os Princípios Estruturantes da Jrurisprudência Actual do TJCE   53

A segunda questão colocada pelo primado do Direito comunitário é o problema da sua articulação com as normas constitucionais nacionais. Esta situação colocou-se com particular acuidade no acórdão *Nold*[101], a propósito da salvaguarda dos direitos fundamentais constitucionalmente reconhecidos. Colocado perante a questão de saber se o princípio do primado deveria ceder perante um direito fundamental consagrado constitucionalmente, o TJCE raciocinou em termos tais que lhe permitiram afirmar em simultâneo o primado absoluto do Direito comunitário e o respeito pelos direitos fundamentais. Assim, *"atendendo a que, tal como o Tribunal já afirmou, os direitos fundamentais fazem parte integrante dos princípios gerais de direito cujo respeito assegura; (...) que ao assegurar a salvaguarda desses direitos, o Tribunal deve inspirar-se nas tradições constitucionais comuns aos Estados-membros e não pode, consequentemente, admitir medidas incompatíveis com os direitos fundamentais reconhecidos e garantidos pelas constituições desses Estados;(...)".*

O raciocínio explanado converte a questão em análise, um problema de primazia, num simples problema de hierarquia entre as fontes de Direito comunitário. Com efeito, ao reconhecer os direitos fundamentais como parte integrante dos princípios gerais de Direito comunitário, ao respeito dos quais o Direito comunitário derivado se encontra subordinado, o TJCE desloca o problema do nível do primado para um nível interno do Direito comunitário.

Esta posição do TJCE comporta uma segunda leitura, amenizada, da afirmação do primado absoluto do Direito comunitário, que havia sido formulada no acórdão *Internationale Handelsgesellschaft*[102] e que havia conhecido fortes reacções por parte das jurisdições constitucionais, nomeadamente italiana e alemã, permitindo-nos afirmar que, se é certo que a questão não está definitivamente encerrada, pelo menos se encontra em certa medida desvalorizada no seu alcance prático.

---

[101] *Nold,* acórdão de 14 de Maio de 1974, P 4/73, Rec 1974, p 491, considerando 13.

[102] *Internationale Handelsgesellschaft,* acórdão de 17 de Dezembro de 1970, P 11/70, Rec 1970, p. 1127.

Secção 3. A UNIFORMIDADE DE INTERPRETAÇÃO E APLICAÇÃO DA NORMA COMUNITÁRIA

Da aplicabilidade directa da norma comunitária resulta que as jurisdições nacionais são as jurisdições comunitárias de direito comum[103], não existindo qualquer relação hierárquica entre o TJCE e os Tribunais nacionais, nem qualquer via de recurso entre eles[104].

A função assim cometida às jurisdições nacionais levanta dois tipos de problemas: a possível dificuldade de interpretação ou apreciação de validade da norma comunitária e a necessidade da sua interpretação e aplicação uniforme.

A solução para estes dois problemas foi a consagração, nos Tratados, do sistema do reenvio prejudicial[105].

Abstraindo, por agora, da interpretação perversa que o TJCE fez do artigo 234º CE[106], limitar-nos-emos a analisar o reenvio prejudicial enquanto manifestação do princípio da cooperação enunciado no artigo 10º CE[107] e enquanto instrumento da prossecução da uniformidade de interpretação e aplicação da norma comunitária.

---

[103] MOTA DE CAMPOS, João, *Direito comunitário*, Vol. II, *O Ordenamento Jurídico*, 4ª Edição, Fundação Calouste Gulbenkian, Lisboa, 1994.

[104] A dimensão hierarquica não é no entanto totalmente estranha às relações de cooperação estabelecidas nesta matéria. O TJCE assume um papel proeminente na medida em que detém o poder exclusivo de interpretar autenticamente o Direito comunitário e na medida em que este se caracteriza pelo primado e pela aplicabilidade directa. Assim, se as jurisdições nacionais não estão subordinadas ao TJCE, em termos de idênticos ao laço existente com as jurisdições nacionais superiores, estão-no em termos de submissão à hierarquia normativa existente entre as duas ordens juridicas. Mais que um dualismo orgânico, existe uma unidade funcional. O reenvio prejudicial é uma expressão particularmente representativa do grau de integração juridica realizada nas Comunidades Europeias.

[105] Idem, MOTA DE CAMPOS, João *Direito comunitário*, Vol. II, *O Ordenamento Jurídico*, 4ª Edição, Fundação Calouste Gulbenkian, Lisboa, 1994, cit.

[106] Infra.

[107] GREVISSE et BONICHOT, *Les incidences du Droit Communautaire sur l'organisation et l'exercice de la fonction juridictionnelle dans les États membres*, in Mélanges Boulois, L'Europe et le Droit, p. 297.

O reenvio prejudicial é um incidente da instância que se desenvolve a um nível nacional. Inicia-se com a suspensão da instância e a colocação de uma questão prejudicial ao TJCE e termina com um acórdão, retomando-se nessa altura a instância principal, devendo o juiz nacional resolver o litígio em concordância com a pronúncia do TJCE. Trata-se, pois, da única via de direito perante o TJCE que não tem uma natureza contenciosa[108].

Trata-se de um processo objectivo, de juiz a juiz, associando-os, no exercício das respectivas competências, para a solução de um litígio[109].

De facto, *"(...) o reenvio prejudicial é um instrumento de cooperação judiciária ... pelo qual um juiz nacional e o juiz comunitário são chamados, no âmbito das competências próprias, a contribuir para uma decisão que assegure a aplicação uniforme do Direito comunitário no conjunto dos estados-membros"*[110].

É um processo totalmente estranho à iniciativa das partes, que são, no entanto, convidadas a pronunciar-se, à semelhança dos Estados-membros, do Conselho e da Comissão; a jurisdição que inicia o processo não se pronuncia após a colocação da questão.

O artigo 234º CE prevê dois tipos de reenvio prejudicial: em interpretação e em apreciação de validade. A assimilação das duas vertentes é meramente formal, limitando-se a uma comunhão processual.

A função interpretativa reveste uma dupla vertente: assistência às jurisdições nacionais e desenvolvimento coerente do Direito comunitário.

Em relação à primeira vertente, o TJCE tem entendido que a interpretação enviada ao juiz nacional deve ser suficientemente precisa para ajudar efectivamente à solução do litígio, não se limitando a uma definição estrita da função interpretativa. Acresce que o TJCE tem uti-

---

[108] *Hessiche Knappschaft,* acórdão de 9 de Dezembro de 1965, P 44/65, Rec 1965, p. 1191.

[109] KOVAR, Robert, "Recours préjudiciel en interprétation et en appréciation de validité" JC E fasc. 360.

[110] *Firma Schwarze,* acórdão de 1 de Dezembro de 1965, P 16/65,, Rec 1965, p. 1081, tradução do A.

lizado o reenvio interpretativo para desenvolver o Direito comunitário, assumindo claramente a doutrina da partilha da tarefa legislativa entre o legislador e o juiz. A interpretação e aplicação do Direito e o preenchimento de lacunas fazem parte do processo de formação do próprio direito, sendo certo que estas tarefas pertencem ao juiz.

O reenvio prejudicial em apreciação de validade existe como corolário do reconhecimento da necessidade do controle incidental da legalidade do acto comunitário. Em nome da unidade, uniformidade e preservação do Direito comunitário, esta tarefa não poderia ser confiada exclusivamente às jurisdições nacionais.

A preocupação fundamental é impedir que, por uma questão processual como o decurso do prazo para a fiscalização da legalidade prevista no art 173º CE, actos comunitários inválidos conhecessem aplicação prática e produzissem efeitos. A segunda preocupação atende ao próprio conceito e natureza do recurso de anulação. É que nos termos do artigo 230º CE, os particulares não têm legitimidade processual para agir em anulação contra determinados actos comunitários.

Assim estabelecidos os pressupostos do reenvio prejudicial em apreciação de validade, não podemos deixar de encontrar algumas semelhanças ou pontos de contacto com a excepção de ilegalidade prevista no artigo 241º CE. Existe, no entanto, uma diferença fundamental: o reenvio existe para processos que correm perante jurisdições nacionais e a excepção de ilegalidade prevista no artigo 241º apenas pode ser suscitada perante o TJCE[111].

Além disso, o reenvio incumbe ao juiz nacional, a excepção da ilegalidade incumbe às partes, o primeiro incidindo sobre qualquer acto comunitário obrigatório, a segunda apenas sobre actos com alcance geral. O acórdão proferido no âmbito de um reenvio prejudicial tem uma autoridade que ultrapassa os limites do próprio processo em que é proferido e o acórdão em que seja suscitada a excepção da ilegalidade tem uma autoridade relativa e restritiva. O reenvio destina-se prioritariamente a assegurar uma aplicação uniforme e um controle objectivo

---

[111] *Wohrman,* acórdão de 14 de Dezembro de 1962, P 31 e 33/62, Rec 1962, p. e *Hessiche Knappschaft,* acórdão de 9 de Dezembro de 1965, P 44/65, Rec 1965, p. 1191.

Os Princípios Estruturantes da Jrurisprudência Actual do TJCE   57

da ordem publica comunitária, enquanto a excepção da ilegalidade tem em vista a protecção dos direitos dos particulares.

Analisar o reenvio prejudicial passa, necessariamente, no estado actual do Direito comunitário, pela análise da admissibilidade prejudicial. Esta é, a nosso ver, a questão mais pertinente no que respeita ao reenvio prejudicial nos dias que correm e tanto mais importante num estudo jurídico efectuado em Portugal, porquanto reenvios prejudiciais formulados por Tribunais portugueses têm permitido ao Tribunal de Justiça adoptar uma postura pedagógica relativamente a esta matéria[112]. Por essa razão dedicar-lhe-emos os próximos parágrafos, correndo o risco de alguma forma desequilibrar o conjunto do presente trabalho.

O artigo 234º CE é pouco menos que lacónico acerca das condições de admissibilidade da questão prejudicial. Para a colocação de uma questão prejudicial basta que uma jurisdição nacional a entenda como necessária.

Esta desregulamentação da admissibilidade prejudicial terá sido imposta por razões óbvias. No momento da sua formulação tratava-se de, por essa via, promover junto das jurisdições nacionais a implementação do Direito comunitário. Trata-se de uma desregulamentação própria de uma fase de afirmação.

E este foi o comportamento assumido pelo TJCE nos primeiros anos, aceitando virtualmente qualquer questão que lhe fosse submetida. Recentemente, o TJCE iniciou a formulação de regras quanto à admissibilidade prejudicial.

As razões para esta regulamentação são de algum modo evidentes. O Direito comunitário não necessita hoje, como necessitou no passado, de afirmação jurisprudencial e o elevado número de processos pendentes no TJCE tem determinado, senão uma quase paralisia, pelo menos um significativo aumento da duração dos processos[113].

---

[112] *Manuel Lourenço Dias,* acórdão de 16 de Julho de 1992, P C-343/90; *Banco de Fomento Exterior*, despacho de 13 de Março de 1996, P C 326/95, Rec 1996, I-1385.

[113] A duração média de um reenvio prejudicial era, em 1993, 20,4 meses.

A criação de normas relativas à inadmissibilidade prejudicial tem vindo a ser gradual e na actualidade pode afirmar-se que o TJCE poderá considerar inadmissível a questão prejudicial fundamentando-se em diversos princípios ou motivações: conceito de jurisdição, questões que não tenham por objecto a interpretação ou validade da norma comunitária, desnecessidade da questão prejudicial, ausência de justificação da necessidade da pronúncia prejudicial, inutilidade da questão prejudicial, ausência de litígio real, falta de fundamentação de facto e de direito nacional e doutrina da questão política.

O autor do reenvio deve ser um órgão jurisdicional. O conceito de órgão jurisdicional levanta algumas questões, uma vez que a organização judiciária e administrativa dos Estados-membros é bastante diversificada.

Admitir os diversos conceitos nacionais de jurisdição é inaceitável, uma vez que seria posta em causa a eficácia do mecanismo do reenvio prejudicial. Assim sendo, a noção de jurisdição deve ser definida pelo Direito comunitário. Tem sido esta a orientação do TJCE, ao admitir reenvios de órgãos que no Direito interno respectivo não têm qualidade de jurisdições[114].

Se a questão prejudicial não tiver como objecto a interpretação ou apreciação de validade do Direito comunitário, tal como definido no artigo 234º CE, o TJCE, em princípio, considerará inadmissível a questão prejudicial[115].

A utilidade ou inutilidade da questão prejudicial é uma questão da competência do Tribunal *ad quo*[116]. No entanto, no Ac *Dodzi*[117], o TJCE indiciou a vontade de, em algumas circunstâncias, considerar ele

---

[114] *Haegen/Einfuhr und Vorratsstelle fur Getreide un Futtermittel,* acórdão de 1 de Fevereiro de 1972, P 49/71, Rec 1972, p.

[115] *Adlerblum,* acórdão de 17 de Dezembro de 1975, P 93/75, Rec 1975, p. 2147; *Hayange 1,* acórdão de 27 de Junho de 1979, P 105/79, Rec 1979, p. 2257.

[116] *Van Gend en Loos,* acórdão de 5 de Fevereiro de 1963, P 26/62, cit.; *Costa c. ENEL,* acórdão de 15 de Julho de 1964, P 6/64, cit. p. 1160; *Salgoil,* acórdão de 19 de Dezembro de 1968, P 13/68, Rec 1968, p. 661; *Dodzi,* acórdão de 18 de Outubro de 1990, P C-297/88 & C-197/89, Rec 1990, p. I-37.

[117] *Dodzi,* acórdão de 18 de Outubro de 1990, P C-297/88 & C-197/89, Rec 1990, p. I-37.

Os Princípios Estruturantes da Jrurisprudência Actual do TJCE 59

próprio a relevância ou utilidade do reenvio prejudicial. Este será o caso em que não exista entre as partes um litígio real[118], quando as normas comunitárias em questão sejam manifestamente incapazes de resolvê-lo[119] ou quando as questões colocadas sejam gerais ou hipotéticas[120].

A falta de fundamentação de facto ou de Direito interno é também motivo para a inadmissibilidade prejudicial[121].

Finalmente, o TJCE parece de alguma forma ter aderido à doutrina da questão política no seu acórdão *Mattheus*[122].

A análise do reenvio prejudicial enquanto instrumento ao dispor do princípio da uniformidade de interpretação e aplicação não ficaria completo sem uma referência aos efeitos dos acórdãos prejudiciais.

O artigo 65º do Regulamento de Processo do Tribunal de Justiça estabelece que os acórdãos do Tribunal têm força obrigatória a partir do dia em que são proferidos. Qual será, no entanto, o alcance desta força obrigatória, no caso dos acórdãos prejudiciais?

A questão colocada pode de alguma forma reformular-se noutros termos, pois que a discussão se situa, na realidade, na natureza de caso julgado dos acórdãos prejudiciais, parecendo consensual a análise dos acórdãos interpretativos separadamente da análise dos acórdãos em apreciação de validade.

No sentido da estraneidade da noção de caso julgado à força obrigatória dos acórdãos prejudiciais interpretativos são apontados diversos argumentos. Em primeiro lugar, o acórdão interpretativo caracteriza-se por ser um processo de ordem e interesse público[123] e pela

---

[118] *Foglia 1*, acórdão de 11 de Março de 1980, P 104/79, Rec 1980, p. 745; *Foglia 2*, acórdão de 16 de Dezembro de 1981, P 244/80, Rec 1981, p. 3045.

[119] *Salgoil*, acórdão de 19 de Dezembro de 1968, P 13/68, Rec 1968, p. 661.

[120] *Manuel Lourenço Dias*, acórdão de 16 de Julho de 1992, P C-343/90.

[121] *Telemarsicabruzzo*, acórdão de 26 de Janeiro de 1993, P C-320 a C-322/90, Rec 1993, p. ; *Pretore di Genova*, acórdão de 19 de Março de 1993, P C-157/92, Rec 1993, p. I-1085; *Monin*, acórdão de 26 de Abril de 1993, P C-386/92, Rec 1993, p. .

[122] *Mattheus*, acórdão de 22 de Novembro de 1978, P 93/78, Rec 1978, p. 2203.

[123] KOVAR, Robert, "Recours préjudiciel en interprétation et en appréciation de validité" JC E Fasc. 362.

natureza abstracta e geral da interpretação fornecida. Estes efeitos são os efeitos normalmente associados às leis interpretativas.

Nestes termos, a força obrigatória dos acórdãos interpretativos procederia à incorporação da interpretação na própria norma interpretada, produzindo um efeito de interpretação autêntica. Esta concepção sobre a força obrigatória dos acórdãos prejudiciais interpretativos tem a vantagem de a partir dela se extrair a eficácia *erga omnes* do acórdão prejudicial.

Resta saber, no entanto, se os benefícios alcançados pelo reconhecimento da eficácia absoluta superam os seus custos. Parece-nos que não, pelas razões que mais adiante se expõem.

Relativamente aos acórdãos em apreciação de validade a questão é razoavelmente idêntica. É que estes acórdãos não têm natureza declarativa. Reconhecer esta natureza ao acórdão em apreciação de validade equivaleria à assimilação do reenvio prejudicial ao recurso de anulação. A consequência é que, se no acórdão em anulação o TJCE pode declarar anulado o acto ilegal, que consequentemente desaparecerá da ordem jurídica, no caso do reenvio prejudicial o TJCE não tem este poder. A constatação da ilegalidade do acto comunitário não tem como efeito erradicá-lo da ordem jurídica comunitária.

Outra questão é saber da eficácia absoluta ou relativa dos acórdãos prejudiciais, com a maior pertinência no que concerne aos acórdãos em apreciação de validade, ou seja, qual a autoridade dos acórdãos prejudiciais perante a jurisdição de reenvio e qual a autoridade perante jurisdições que em momento posterior sejam chamadas a conhecer de litígios diversos do original, mas com situações factuais e de Direito similares.

O juiz que colocou o reenvio prejudicial é obrigado a aplicá-lo no litígio[124], sem prejuízo da possibilidade de novo reenvio, sempre que considere a resposta insuficiente ou pouco clara, desde que através dela não se conteste a validade do acórdão inicial.

Diferente é a questão da eficácia do acórdão prejudicial relativamente a jurisdições chamadas posteriormente a estatuir sobre maté-

---

[124] *Benedetti,* acórdão de 3 de Fevereiro de 1977, P 52/76, Rec 1977, p. 163.

rias idênticas em litígios diversos do que deu origem ao reenvio prejudicial.

Mais uma vez deverá proceder-se a uma análise distinta entre reenvios interpretativos e reenvios em apreciação de validade. A questão, relativamente aos reenvios interpretativos colocou-se no acórdão *Da Costa*[125].

Estava em causa um reenvio prejudicial que solicitava a interpretação do artigo 25º CE, que havia já sido objecto de interpretação no acórdão *Van Gend en Loos*.

A solução encontrada pelo TJCE foi a de reconhecer ao acórdão anterior a sua eficácia para afastar a obrigação de reenvio quando ela exista nos termos do artigo 234º CE, obrigando, no entanto, as jurisdições nacionais à sua aplicação, o que de alguma forma consagra uma regra de precedente[126].

Desta forma, afastada a obrigatoriedade de reenvio, mas mantendo a faculdade de reenvio, que seria afastada pelo reconhecimento da eficácia absoluta dos acórdãos prejudiciais, o TJCE mantém completamente em aberto a possibilidade de alterar a sua jurisprudência, adaptando-a ao longo dos tempos. Este seria, como bem apontou o Advogado-geral *Lagrange*[127], o maior inconveniente do reconhecimento do efeito *erga omnes* ao acórdão prejudicial interpretativo.

Essa tem sido, aliás, uma prática corrente do TJCE, que mais frequentemente do que poderia pensar altera, sempre apelando à sua jurisprudência anterior, o sentido das suas interpretações.

Relativamente aos efeitos dos acórdãos em apreciação de validade há que distinguir entre os que se pronunciam pela invalidade e os não se pronunciam pela sua invalidade.

O reenvio que não se pronuncie pela invalidade do acto comunitário não contém uma afirmação da sua validade. Contém tão só a afir-

---

[125] *Da Costa,* acórdão de 27 de Março de 1963, P 28 a 39/62, Rec 1963, p. 64.

[126] Esta solução viria a ser retomada pelo Advogado geral Warner nas suas conlusões no processo *Manzoni,* acórdão de 13 de Outubro de 1977, P 112/76, Rec 1977, p. 1662.

[127] *Da Costa,* acórdão de 27 de Março de 1963, P 28 a 39/62, Rec 1963, p. 64.

mação que, da análise dos factos invocados não resultou a ilegalidade do acto[128].

Esta é a fórmula tradicional utilizada pelo TJCE. Dela resulta que o acórdão se impõe não apenas à jurisdição que colocou a questão prejudicial, mas também a toda e qualquer outra jurisdição que deva conhecer da invalidade daquele acto pelos mesmos fundamentos, ainda que em litígio diverso.

Este efeito como que *erga omnes*, não afasta, no entanto, a possibilidade de contestar, pela via prejudicial, a legalidade do acto em questão. Esta poderá sempre ser suscitada desde que os vícios invocados não tenham ainda sido objecto de análise pelo TJCE, seja na causa que deu origem ao primeiro reenvio, na instância do reenvio ou em instância de recurso, seja ainda em qualquer outra causa pendente em qualquer jurisdição.

Os acórdãos que se pronunciem pela invalidade do acto comunitário terão eficácia *erga omnes*?

Admiti-lo parece ser uma forma de desvirtuar o próprio mecanismo do recurso de anulação, pelo menos no que respeita à sua modelação determinada pelos imperativos decorrentes do princípio da segurança jurídica.

Por esta razão, uma boa parte da doutrina e alguns Advogados gerais sustentaram a eficácia relativa destes acórdãos[129].

A solução encontrada pelo TJCE parece, no entanto, ter sido algo diferente.

Com efeito, no seu Ac *International Chemical*[130], o TJCE afirmou que *"(...) um acórdão do Tribunal constatando, em virtude do artigo 234° do tratado, a invalidade de um acto de uma Instituição comunitária, em particular de um regulamento do Conselho ou da Comissão, se bem que dirigido directamente ao juíz que colocou a*

---

[128] MOTA DE CAMPOS, João, *Direito comunitário*, Vol. II, *O Ordenamento Jurídico*, 4ª Edição, Fundação Calouste Gulbenkian, Lisboa, 1994, p. 495.

[129] KOVAR, Robert, "Recours préjudiciel en interprétation et en appréciation de validité" JC E Fasc. 362.

[130] *International Chemical Corporation,* acórdão de 13 de Maio de 1981, P 66/80, Rec 1981, p. 1191.

questão prejudicial, constitui uma razão suficiente para qualquer outro juíz considerar este acto como inválido no que respeite à necessidade de uma decisão que deva tomar".

Resta, finalmente, para completar a análise do reenvio prejudicial como instrumento do princípio da uniformidade de interpretação e aplicação do Direito comunitário, analisar os efeitos dos acórdãos prejudiciais no tempo. Para fase posterior do estudo ficará a análise do enquadramento normativo do poder/dever de reenviar, que trataremos em sede dos limites impostos à competência da jurisdição nacional.

Os acórdãos interpretativos produzem efeitos *ex tunc*. Este é o princípio geral estabelecido pelo TJCE[131].

O princípio geral foi, no entanto, excepcionado pelo TJCE algumas vezes.

Com efeito, o TJCE entendeu por bem, no seu acórdão no processo *Defrenne*[132], limitar no tempo a produção de efeitos dos acórdãos interpretativos, no caso concreto, os efeitos decorrentes da aplicabilidade directa do artigo 141° CE.

A solução encontrada é, no mínimo, criticável. Com efeito, da própria natureza do reenvio interpretativo decorre necessariamente a aplicação da interpretação fornecida aos factos anteriores à pronúncia.

Outra solução equivale a admitir uma interpretação diferente no tempo e, consequentemente, admitir uma aplicação fraccionada do Direito comunitário[133].

Além disso, os efeito no tempo encontram-se sempre limitados sem que o TJCE tivesse realmente necessidade de proceder à limitação explícita. É que não podemos esquecer que, de acordo com o princípio da autonomia institucional e processual dos Estados-membros, incumbe ao Direito interno determinar as regras processuais.

---

[131] *Denkavit,* acórdão de 27 de Março de 1980, P 61/79, Rec 1980, p. 1232; *Salumi,* acórdão de 27 de Março de 1980, P 66, 127 e 128/79, Rec 1980, p. 1255; *Ariete,* acórdão de 10 de Julho de 1980, P 811/79, Rec 1980, p. 2545; *Essevi et Salengo,* acórdão de 27 de Maio de 1981, P 142 & 143/80, Rec 1981, p. 1413.

[132] *Defrenne,* acórdão de 8 de Abril de 1976, P 43/75, Rec 1976, p. 455.

[133] KOVAR, Robert, "Recours préjudiciel en interprétation et en appréciation de validité" JC E Fasc. 362.

Ora, através do princípio da prescrição extintiva e do princípio do caso julgado existem já severas limitações impostas aos efeitos dos acórdãos prejudiciais.

Assim sendo, a pronúncia *Defrenne* não pode deixar de se apresentar como uma exorbitância dos poderes do TJCE, mais que não seja pela própria violação do princípio da autonomia institucional e processual.

Estas criticas não colheram junto do TJCE, que ainda recentemente confirmou a sua jurisprudência *Defrenne*[134].

A jurisprudência do TJCE no que respeita aos efeitos no tempo dos acórdãos em apreciação de validade é algo semelhante. O princípio geral, se bem que nunca afirmado expressamente pelo Tribunal, é o da produção de efeitos *ex tunc*[135].

O TJCE, no entanto, não se tem inibido de, em certos processos, estabelecer limites temporais aos efeitos dos acórdãos constatando a invalidade do acto comunitário.

A grande diferença é que nesta matéria, dado que existe alguma semelhança entre os objectivos prosseguidos pelo recurso de anulação e pelo reenvio prejudicial em apreciação de validade, o TJCE tem uma norma, o artigo 231° n° 2 CE, que pode aplicar analogicamente.

Nessa medida, não parece suscitar grande controvérsia que, em nome da segurança jurídica ou até mesmo do princípio da confiança legítima o TJCE possa determinar, casuisticamente, os efeitos temporais dos seus acórdãos prejudiciais em apreciação de validade.

---

[134] *Barber,* acórdão de 17 de Maio de 1990, P C-262/88, Rec 1990, p. I-18.

[135] KOVAR, Robert, "Recours préjudiciel en interprétation et en appréciation de validité" JC E Fasc. 362.

Capítulo II

A EFICÁCIA INTERNA
DO DIREITO COMUNITÁRIO

Secção 1. **A ARTICULAÇÃO ENTRE DIREITO COMUNITÁ-RIO E DIREITO INTERNO**

O realizador e o garante da eficácia interna do Direito comunitário é o juiz nacional: *"(...) por aplicação do princípio da cooperação enunciado no artigo 10º do Tratado, é às jurisdições nacionais que está confiada a tarefa de assegurar a proteção jurídica decorrente para os particulares do efeito directo do Direito Comunitário"*[136].

Assim sendo, cometida que é a tarefa, não poderia deixar de se lhe entregar os meios de acção necessários para o efeito.

No presente Capítulo, teremos como objectivo analisar os meios e respectivo alcance colocados pelo Direito comunitário ao dispor das jurisdições nacionais para o exercício da sua função comunitária.

Fá-lo-emos referindo as diversas vias sucessivamente abertas pela jurisprudência comunitária: a repressão incidental do incumprimento estadual, a protecção provisória, o contencioso da repetição do indevido e o contencioso da responsabilidade. Finalmente, analisaremos os limites que o próprio Direito comunitário estabeleceu a este corpo normativo de origem jurisprudencial.

---

[136] *Rewe,* acórdão de 16 de Dezembro de 1976, P 33/76, Rec 1976, p. 1989.

O exercício da função comunitária do juiz nacional não deveria, em princípio, suscitar problemas de maior. Na realidade, não fora o frequente conflito entre o Direito interno e o Direito comunitário, mais que não seja pelo desrespeito estadual pelas suas obrigações comunitárias, em boa verdade não existiria razão de ser para um estudo científico da matéria ora tratada, pois que o seu objecto se limitaria à vertente de tutela incidental da legalidade comunitária.

O que se passa, infelizmente, é que o incumprimento estadual é uma situação mais frequente do que seria desejável, dele decorrendo a maior parte das situações limite, que, sem a intervenção "normativa" do TJCE, se constituiriam em verdadeiras manchas de "não Direito".

A intervenção comunitária do juiz nacional caracteriza-se, pela existência de diversos momentos.

Em termos simplificados e necessariamente pouco rigorosos, num primeiro momento o juiz do processo, chamado a dirimir um litígio da sua competência em função das regras nacionais de competência jurisdicional, averigua da existência de normativo comunitário relevante na matéria, de acordo com o princípio da aplicabilidade directa.

Constatada que seja a relevância da norma comunitária para a resolução do litígio e no caso de existir um conflito aparente entre essa norma e uma norma de Direito nacional, o juiz de processo deverá, na medida do possível, conciliar as normas por via interpretativa, tal como determinado pelo princípio da interpretação conforme.

Na impossibilidade da conciliação das normas por via interpretativa, o princípio do primado impõe ao juiz a obrigação mínima de afastar a norma nacional e aplicar a norma comunitária.

1.1 A conciliação entre Direito comunitário e Direito interno por via interpretativa

Antes de afastar a aplicação da sua norma de Direito interno, o juiz nacional deve tentar conciliar as normas por via interpretativa, prosseguindo o resultado prescrito pela norma comunitária. Este é, em termos simples, o enunciado do princípio da interpretação conforme,

A *Eficácia Interna do Direito Comunitário* 67

cujo alcance é determinado pela leitura conjunta de três acórdãos: *Von Colson et Kamann, Murphy* e *Marleasing*.

A primeira referência a este princípio surge em 1984 no processo *Von Colson et Kamann*[137].

As senhoras *Sabine Von Colson* e *Elisabeth Kamann* eram assistentes sociais e concorreram a postos de trabalho na penitenciária de Werl, destinada a uma população prisional masculina, tendo sido preteridas para candidatos com qualificações inferiores, com fundamento no sexo.

Considerando-se vítimas de descriminação em razão do sexo, as candidatas recoreram ao *Arbeitsgericht de Hamm*, demandando uma indemnização ao *Land de Nordrhein Westfalen*. A fundamentação do pedido resultava do artigo 611 bis do BGB, que transpôs para Direito alemão a Directiva 76/207 do Conselho, relativa à realização da igualdade de tratamento entre trabalhadores femininos e masculinos, nomeadamente o seu artigo 6º, nos termos do qual os Estados-membros deveriam introduzir nas suas ordens jurídicas medidas capazes de permitir aos trabalhadores obter uma tutela jurisdicional dos seus direitos contra as entidades empregadoras em situações de descriminação.

No âmbito deste processo, a jurisdição nacional colocou diversas questões prejudiciais ao Tribunal de Justiça, através das quais pretendia saber se o artigo 6º da Directiva seria susceptível de produzir efeito directo e, no caso negativo, se a transposição efectuada pelo legislador alemão estava correcta.

Quanto à questão do efeito directo, o Tribunal de Justiça concluiu que não existindo na directiva referência ao tipo de sanção a aplicar à entidade empregadora, apenas se exigindo que essa sanção exista, os Estados-membros têm, naturalmente, liberdade para optar entre as diversas sanções possíveis. Neste sentido, atendendo à margem de apreciação concedida, o artigo 6º da Directiva não é susceptível de produzir efeito directo e a opção de sancionar a descriminação através de uma indemnização pecuniária é aceitável.

---

[137] *Von Colson et Kamann,* acórdão de 10 de Abril de 1984, P 14/83, Rec 1984, p. 1891.

Sucede porém que o artigo 611 bis do BGB impunha limites ao montante indemnizatório, que não poderia ultrapassar os montantes dispendidos pelo candidato descriminado pelo facto da sua candidatura. Ora esta limitação não seria consentânea com o objectivo da directiva, pois que, pelos montantes envolvidos, a indemnização em causa não teria qualquer efeito dissuasor sobre os comportamentos descriminatórios.

Perante esta situação, o Tribunal de Justiça considerou que: *"... se a Directiva 76/207 deixa aos Estados-membros, para sancionar a violação da interdição de descriminação, a liberdade de escolher entre as diversas soluções adequadas à prossecução do seu objecto, ela implica que quando o Estado-membro escolha sancionar a violação da interdição em causa pela outorga de uma indemnização, esta deve ser, para assegurar a sua eficácia e o seu efeito dissuasivo, adequada relativamente aos prejuízos sofridos e ser superior a um valor simbólico, como por exemplo, o reembolso das despesas ocasionadas pela candidatura. Incumbe à jurisdição nacional dar à lei tomada para aplicação da directiva, na medida em que uma margem de apreciação lhe seja concedida pelo seu direito nacional, uma interpretação e uma aplicação conforme às exigências do direito comunitário."*

Esta foi a primeira formulação comunitária do princípio da interpretação conforme, apresentado como complemento da aplicabilidade directa quando esta não é possível.

No processo *Murphy*[138] estava em causa um litígio opondo a senhora *Mary Murphy* e vinte oito colegas suas à *Eireneann Telecom Board*, sua entidade patronal. O *Eireneann High Court* solicitou ao Tribunal de Justiça a resposta a três questões prejudiciais, sobre a interpretação do artigo 141º CE e sobre a interpretação do artigo 1º da Directiva 75/117 do Conselho, relativa à harmonização de legislações relativamente à aplicação do princípio da igualdade de remunerações entre trabalhadores masculinos e femininos.

A primeira questão incidia sobre o alcance do princípio de igualdade de remuneração estabelecido no artigo 141º CE, nomeadamente a sua compatibilidade com o *anti-discrimantion Act de 1974*, que se apli-

---

[138] *Murphy,* acórdão de 4 de Fevereiro de 1988, P 157/86, Rec 1988, p. 673.

A *Eficácia Interna do Direito Comunitário* 69

cava a diferenças salariais relativamente a trabalho igual, nada referindo quando, como era o caso, para um trabalho de valor superior prestado pelas trabalhadoras femininas era paga uma remuneração inferior à de trabalhadores masculinos desempenhando funções de valor inferior.

Do elemento literal do artigo 141º CE resulta um princípio de tratamento igual apenas para situações objectivamente iguais, o que na realidade não acontecia à senhora *Murphy* e às suas colegas, que se encontravam numa situação de tratamento desigual para situações objectivamente desiguais.

Esta questão teria sido, no entanto, facilmente ultrapassada pelas instâncias de processo nacionais, pelo simples recurso ao elemento teleológico na interpretação da norma de direito interno. Não o fizeram, preferindo a última instância recorrer ao Tribunal de Justiça para conhecer a interpretação do artigo 141º CE e eventualmente fundamentar no seu efeito directo a pronúncia a favor da existência de descriminação.

Atendendo ao resultado apresentado pela simples interpretação literal do artigo 141º, o Tribunal de Justiça fez apelo, na sua pronúncia, ao elemento teleológico e ao princípio do efeito útil da norma: *"... em todo o caso, se este princípio se opõe a que, em função do sexo seja paga uma remuneração inferior aos trabalhadores de um sexo determinado desempenhando um trabalho de valor igual ao desempenhado pelos trabalhadores do sexo oposto, interdita por maioria de razão uma tal diferença de remuneração, quando a categoria de trabalhadores menos remunerados executa um trabalho de valor superior. (...) 10. A interpretação contrária levaria a privar o princípio da igualdade de remuneração do seu efeito útil e a esvasiá-lo da sua substância..."*.

Assim sendo, o Tribumal de Justiça considerou que *"(...) quando esteja estabelecido que a diferença no nível da remuneração se funda numa descriminação em razão do sexo, o artigo 141º do tratado aplica-se directamente no sentido de que os trabalhadores interessados podem invocá-lo em juízo para obter uma remuneração igual, no sentido desta disposição, e que as jurisdições nacionais devem tomá-lo em consideração enquanto elemento de direito comunitário. Incumbe à jurisdição nacional dar à lei interna, na medida em que uma margem*

*de apreciação lhe seja concedida pelo seu direito nacional, uma inter-
pretação e uma aplicação conformes às exigências do direito comunitário e deixar, quando uma tal interpretação conforme não é possível, inaplicada toda a regra nacional contrária.*"

As situações de facto subjacentes a estes dois processos apresentam algumas diferenças nas várias vertentes em que deve analisar-se a
aplicabilidade directa da norma comunitária.

A primeira vertente atende à fonte em que a norma se encontra
vertida e à sua formulação. A segunda vertente atende ao tipo de relação no âmbito da qual se pretende invocar a norma.

Em *Colson e Kaman* está em causa a aplicação de uma norma de
uma Directiva, eventualmente incompatível com o acto nacional de
transposição, numa relação vertical.

Em *Murphy* está em causa a aplicação de uma norma do Tratado,
eventualmente incompatível com um acto nacional tomado em sua
execução, numa relação horizontal.

A solução para os dois problemas é equacionada pelas jurisdições
nacionais em termos de aplicabilidade directa, sendo certo que o Tribunal de Justiça se afastou, em qualquer deles, da solução decorrente
desse princípio.

As razões que conduziram a esse resultado são manifestas em
Colson e Kaman. É que a norma da directiva em causa, pelas suas
características, não se encontrava investida dos requisitos de precisão e
clareza impostos pela jurisprudência do Tribunal de Justiça[139], pelo que
não seria susceptível da produção de efeito directo.

A alternativa encontrada em *Colson e Kaman*, o princípio da
interpretação conforme ou princípio do efeito indirecto[140], limita-se a

---

[139] Veja-se, por exemplo, *Van Duyn,* acórdão de 4 de Dezembro de 1974,
p 41/74, Rec 1974, p. 1337; *Van Gend en Loos*, acórdão de 5 de Fevereiro de 1963,
P 26/62.

[140] A designação efeito indirecto é comum na literatura jurídica britânica e
parece-nos traduzir de uma forma clara o conceito subjacente. A este respeito, veja-se,
entre outros, HARTLEY, T. C., *The foundations of European Community Law*, 3th
Edition, Clarendon Law Series, Oxford, 1994; USHER, John, *Cases and Materials on
the Law of the European Communities*, 3th Butterworths, London, 1993; LEWIS,

A Eficácia Interna do Direito Comunitário

afirmar, pela via comunitária, a necessidade de recorrer ao elemento teleológico na interpretação do Direito interno adoptado em execução do Direito comunitário quando isso seja possível face ao Direito interno, o que significa que, quando, por absurdo, se não admita internamente o recurso a este elemento interpretativo, a interpretação conforme não será possível.

Atendendo aos diversos elementos do caso concreto, o princípio formulado não suscita críticas de maior.

Esta solução foi adoptada igualmente em *Murphy*, estamos em crer que por razões um pouco diferentes. É que a norma em questão, o artigo 141º CE investe as características necessárias para a produção de efeito directo, vertical e horizontal, aliás declarado previamente em *Defrene*[141].

A opção pelo princípio da interpretação conforme aparece aqui como uma solução suficiente para a realização da plena eficácia da norma comunitária, pois que a simples correcção da literalidade da norma interna de execução do artigo 141º através do recurso ao elemento teleológico se mostrava, em princípio, capaz de garantir o resultado necessário. A solução demonstra, assim, um raciocínio pleno de razoabilidade, pois que, no que respeita à articulação entre Direito comunitário e Direito interno consubstancia uma articulação bem menos gravosa que a que resultaria da aplicação do princípio da aplicabilidade directa[142].

A pronúncia do Tribunal de Justiça é, apesar de tudo, cautelosa. É que, tendo em vista salvaguardar o efeito útil da norma comunitária, na eventualidade de ser impossível o recurso à interpretação conforme, o que ocorreria se a jurisdição nacional não pudesse interpretar teleologicamente, o Tribunal de Justiça recorreu subsidiariamente à solução imposta pelos princípios da aplicabilidade directa e do primado.

As pronúncias *Von Colson et Kaman* e *Murphy* pouco adiantam à solução que se poderia encontrar no quadro dos princípios do primado

---

Clive, *Remedies and the enforcement of European Community Law*, Litigation Library, Sweet & Maxwell, London, 1996.

[141] *Defrenne*, acórdão de 8 de Abril de 1976, P 43/75, Rec 1976, p. 455.

[142] Sendo, desta forma, uma pronúncia em harmonia com o princípio da proporcionalidade, o que nem sempre ocorre.

e da aplicabilidade directa. De facto, no primeiro, a solução final só é diferente se o juiz de instância possuir, de acordo com o seu Direito nacional, o poder de proceder à interpretação conforme. Caso contrário, porque a norma comunitária não é directamente aplicável, solucionará o litígio de acordo com o seu direito interno.

No segundo caso, a solução dada passa sempre pela obtenção do resultado previsto na norma comunitária. Ora, na medida em que estamos perante Direito comunitário directamente aplicável, vertical e horizontalmente, esta seria sempre a solução obtida pela aplicação dos referidos princípios.

Situação bem diversa é a que resulta do acórdão *Marleasing*[143]. Recorde-se que estava em causa a interpretação da norma do artigo 11º da Directiva 68/151, no sentido de saber da susceptibilidade de produção de efeito directo.

O TJCE rejeitou, sem qualquer análise da norma[144], a possibilidade da sua aplicabilidade directa, em sintonia com jurisprudência anterior, na medida em que o litígio opunha dois particulares e às normas das directivas apenas é reconhecido efeito directo vertical.

No entanto, o TJCE não quis deixar de salvaguardar a produção dos efeitos da norma comunitária e recorreu para o efeito ao princípio da interpretação conforme: *"(...) aplicando o seu direito nacional, quer se trate de disposições anteriores ou posteriores à Directiva, o órgão jurisdicional nacional chamado a interpretá-lo, é obrigado a fazê-lo, na medida do possível, à luz do texto e da finalidade da Directiva, para atingir o resultado por ela prosseguido e cumprir desta forma o artigo 249º, terceiro parágrafo, do tratado."*[145]

---

[143] *Marleasing*, acórdão de 13 de Novembro de 1990, P C-106/89, Rec 1990, p. I – 41.

[144] Do nosso ponto de vista tratava-se de uma norma clara, precisa e incondicionada, logo susceptível de produção de efeito directo, exclusivamente vertical, atendendo à jurisprudência assente à data da pronúncia do acórdão.

[145] Este considerando é reproduzido *ipsis verbis* em diversos acórdãos posteriores, entre os quais *Faccini Dori*, acórdão de 14 de Julho de 1994, P C 91/92, Rec 1994, p. 3347 e *World Wildlife Fund*, acórdão de 7 de Março de 1996, P C-118/94, Rec 1996, I-1223.

Marleasing suscita duas questões importantes: os efeitos horizontais que, indirectamente, a directiva passa produzir e a análise da expressão *dans toute la mesure do possible*.

As circunstâncias subjacentes ao caso concreto neste processo são substancialmente diferentes das circunstâncias em *Colson e Kaman* e em *Murphy*.

Neste dois processos, recorde-se, existiam normas internas intimamente relacionadas com a norma comunitária que por elas era transposta ou executada. Esta vinculação entre as normas justificou a integração da norma interna pelo recurso ao elemento teleológico da norma comunitária que lhes havia servido de base.

Ora, em *Marleasing* está em causa a falta de transposição de uma Directiva que, atendendo ao regime geral da invalidade contratual em Espanha, teria como resultado a criação de um regime especial contendo as causas de invalidade do contrato de sociedade. Este regime, à data dos factos, não existia, pelo que a relação que se verificou presente em *Colson e Kaman* e em *Murphy*, entre Direito interno e Direito comunitário, aqui não existia.

Consequentemente, a obrigação de interpretação conforme estabelecida vai, neste caso, para além de uma simples interpretação da norma interna tendo em vista o elemento teleológico da norma comunitária que executa ou transpõe.

Isto significa que, ao contrário das situações anteriores, em *Marleasing* resulta da interpretação conforme a criação de Direito e não apenas a sua interpretação, dela decorrendo vantagens jurídicas para um particular em detrimento de outro.

Com efeito, atendendo ao seu Direito interno, a sociedade *Marleasing* teria o direito de arguir a invalidade do contrato de sociedade da *La Comercial de Alimentación*, dessa forma obtendo uma maior garantia dos seus créditos. A interpretação do Código Civil espanhol conforme à Directiva 61/151 implicava, como vimos, um regime especial para as causas de invalidade do contrato de sociedade que excluía aquele direito da *Marleasing*.

Sucede que a jurisprudência constante do Tribunal de Justiça sobre o alcance dos efeitos das normas das Directivas, sempre foi no sentido de negar a possibilidade que da Directiva pudessem decorrer obrigações para os particulares.

Se é certo que por via da interpretação conforme a sociedade *Marleasing* não passou a destinatária de obrigações fundadas na Directiva, não é menos certo que a partir dela esta se viu privada de um direito.

Assim sendo, parece evidente que o resultado final da interpretação conforme em *Marleasing* é a aplicação do regime comunitário constando da directiva a uma relação entre particulares, o que é o mesmo que dizer que a norma da Directiva produzirá efeito horizontais.

Ora, este resultado não é consentâneo com a fundamentação e a argumentação utilizada pelo Tribunal de Justiça ao negar a possibilidade de produção de efeitos horizontais às normas constantes de Directivas, na medida em que a natureza sancionatória inerente ao efeito vertical se verifica e que esta situação consubstancia uma situação de franca oposição ao princípio da segurança jurídica.

A expressão *dans toute la mesure du possible* suscita também alguns problemas de interpretação, agravados pela decisão final apresentada pelo Tribunal.

Como se verificou anteriormente, a expressão não surge com *Marleasing*, antes sendo por ele retomada directamente de *Colson e Kaman* e de *Murphy*.

Atendendo às circunstâncias próprias de cada processo, a expressão prestava-se à consideração sobre os poderes do juíz nacional e a sua eventual limitação em sede de elementos interpretativos e, eventualmente em *Colson e Kaman*, aos imperativos decorrentes da segurança jurídica, não fora a relação *sub judice* ser uma relação vertical.

Após *Marleasing*, é importante saber qual o alcance da expressão e, fundamentalmente, quando é que, legitimamente face ao Direito comunitário, a jurisdição nacional está impossibilitada de proceder à interpretração conforme.

A primeira situação em que a jurisdição nacional não poderia proceder à interpretação conforme seria aquela em que esta violasse uma regra superior de Direito, tal como o princípio da segurança jurídica, que se inclui, aliás, entre as fontes de Direito comunitário. Em *Marleasing* o Tribunal de Justiça desconsiderou manifestamente esta situação.

A segunda situação em que a jurisdição nacional não poderia proceder à interpretação conforme seria quando os seus poderes interpretativos não compreendessem os necessários para esse efeito. Ora, atendendo à jurisprudência do Trbunal de Justiça, nomeadamente no processo *Johnston*[146] que será analisado mais adiante, esta insuficiência não seria de molde a impossibilitar a interpretação conforme.

A terceira situação de impossibilidade de interpretação conforme é a que decorre do princípio da irrectroactividade da lei penal e, atendendo às pronúncias do Tribunal de Justiça em três processos, dois deles anteriores a *Marleasing*, parece razoável afirmar que o Tribunal, se chamado a pronunciar-se numa tal situação adoptará essa solução.

De facto, em *Pretore de Salo*[147], *Kolpinghuis Nijmegen*[148] e *Arcaro*[149], o Tribunal afirmou que *"(…)uma directiva não pode ter como efeito, por si própria e independentemente de uma lei interna tomada por um Estado-membro para sua aplicação, determinar ou agravar a responsabilidade penal daqueles que agirem em infração às suas disposições"*.

Nos processos *Kolpinghuis Nijmegen* e *Arcaro* o Tribunal de Justiça considerou necessário esclarecer adicionalmente esta questão, afirmando que *"(…) em todo o caso, esta obrigação do juíz nacional tomar como referência o conteúdo da directiva quando interpreta as regras pertinentes do seu direito nacional, encontra os seus limites quando uma tal interpretação leva a opôr a um particular uma obrigação prevista por uma directiva não transposta, ou, por maioria de razão, quando conduza à determinação ou agravamento, com base na directiva e na ausência de lei nacional tomada para a sua execução, da responsabilidade penal dos que agem em violação das suas disposições"*[150].

---

[146] *Johnston*, acórdão de 15 de Maio de 1986, P 222/84, Rec 1986, p. 1651.

[147] *Pretore de Salo*, acórdão de 11 de Junho de 1987, P 14/86, Rec 1987, p. 2545.

[148] *Kolpinghuis Nijmegen*, acórdão de 8 de Outubro de 1987, P 80/86, Rec 1987, p. 3969.

[149] *Arcaro*, acórdão de 26 de Setembro de 1996, P C-168/95, Rec 1996, p. .

[150] *Arcaro*, acórdão de 26 de Setembro de 1996, P C-168/95, considerando 42.

A obrigação de interpretação conforme tem sido retomada pelo Tribunal de Justiça reiteradas vezes[151], sendo certo que, quando perante relações horizontais, a aplicação do princípio foi francamente amenizada[152].

1.2 Meios para estabelecer a incompatibilidade entre o Direito comunitário e o Direito interno

Perante a formulação comunitária do princípio da aplicabilidade directa, incumbe ao juiz nacional aplicar, pela sua própria autoridade, nos litígios da sua competência, as normas comunitárias relevantes, não aplicando a norma nacional contrária à norma comunitária, sempre que a sua compatibilização por via interpretativa se mostre impossível e a norma comunitária susceptível de ser aplicada.

Assim, previamente ao exercício dos poderes comunitários decorrentes da aplicabilidade directa e do primado da norma comunitária, o

---

[151] *Wagner Miret*, acórdão de 16 de Dezembro de 1993, P C-334/92, Rec 1993, p I-6911; *Faccini Dori*, acórdão de 14 de Julho de 1994, P C-91/92, Rec 1994, p. 3347; *El Corte Inglés*, acórdão de 7 de Março de 1996, P C-192/94, Rec 1996; *World Wildlife Fund*, acórdão de 7 de Março de 1996, P C-118/94, Rec 1996, I-1223. Mais recentemente, *Dorsch,* acórdão de 17 de Setembro de 1997, *Daihatsu,* acórdão de 4 de Dezembro de 1997, *Silhouete,* acórdão de 16 de Julho de 1998, *Belinda,* acórdão de 22 de Setembro de 1998, *Togel,* acórdão de 24 de Setembro de 1998 e *Evobus,* da mesma data.

[152] Veja-se, por exemplo, *Faccini Dori*. A razão de ser para esta inversão poderá ser a existência de alternativas, no estado actual do Direito comunitário, face à possibilidade de efectivação da responsabilidade do estado como meio de garantir a tutela dos direitos dos particulares. Entretanto, em Julho de 1996, o Tribunal de Justiça pronunciou dois acórdãos, *Beiersdorf*, acórdão de 11 de Julho de 1996, P apensos C-71/94 a C-73/94, Rec 1996, p. e *MPA*, acórdão de 11 de Julho de 1996, P C-232/94, Rec 1996, p., em que reiterou a obrigação de interpretação conforme numa relação horizontal. Sucede, porém, que o Tribunal considerou que a norma da Directiva invocada, o artigo 7º da Directiva 89/104/CEE do Conselho de 21 de Dezembro de 1988 prossegue exactamente os mesmos objectivos do artigo 36º CE, o que significa, em ultima análise, que a norma comunitária que deve inspirar a jurisdição nacional na sua interpretação conforme é uma norma do Tratado. .

A *Eficácia Interna do Direito Comunitário* 77

juiz nacional deve verificar a incompatibilidade entre as normas em questão.

A primeira forma pela qual se determina a incompatibilidade da norma interna com a norma comunitária é através da análise e decisão formulada pelo próprio juiz do processo, sob reserva do reenvio prejudicial obrigatório[153] e este poder é-lhe entregue pelo próprio Direito comunitário, na medida em que o juiz nacional, no exercício da sua competência comunitária é detentor da plenitude de competência.

Esta solução constitui a própria essência do mandato comunitário do juiz nacional, claramente afirmado pelo TJCE no acórdão *Simmenthal*[154].

A segunda forma de estabelecer a incompatibilidade entre o Direito comunitário e a norma de Direito interno é através do reenvio prejudicial em interpretação, analisado supra.

Finalmente, a terceira forma de estabelecer a incompatibilidade entre o Direito comunitário e a norma de Direito interno é a acção por incumprimento.

Neste caso a intervenção da jurisdição nacional é nula. Este limitar-se-á, enquanto órgão do Estado, a respeitar as obrigações que para o Estado-membro resultam do acórdão em constatação de incumprimento.

Esta solução estabelecida já em 1972[155], foi muito claramente exposta no acórdão *Waterkeyn*, numa lição magistral sobre os efeitos do acórdão em constatação de incumprimento: *"(...) nos termos do artigo 228º, se o Tribunal de Justiça reconhece que um Estado-membro faltou a uma obrigação que lhe incumbem em virtude do presente tratado, esse Estado é obrigado a tomar todas as medidas necessárias à execução do acórdão do Tribunal de Justiça. (...) De acordo com esta disposição, todos os órgãos do Estado-membro em causa têm a obrigação de assegurar, nos domínios dos seus poderes respectivos, a execução do acórdão do Tribunal. Quando o acórdão constate a*

---

[153] A este respeito, *infra*, limites ao poder do juiz nacional.

[154] *Simmenthal*, acórdão de 9 de Março de 1978, P 106/77, Rec 1978, p. 629.

[155] *Comissão c. Itália*, acórdão de 13 de Julho de 1972, P 48/71, Rec 1972, p. 529.

incompatibilidade com o Tratado de certas disposições legislativas de um Estado-membro, impõe, para as autoridades participando no exercício do poder legislativo, a obrigação de modificar as disposições em causa, de maneira a compatibilizá-leas com as exigências do direito comunitário. As jurisdições do Estado-membro em causa têm pelo seu lado, a obrigação de assegurar o respeito do acórdão no exercício da sua missão. (...) Deve entretanto sublinhar-se, a este respeito, que os acórdãos proferidos em virtude dos artigos 226º a 228º têm por objecto, em primeiro lugar, definir os deveres dos Estados-membros em caso de incumprimento das suas obrigações. Os direito a favor dos particulares decorrem das próprias disposições de direito produzindo um efeito directo na ordem jurídica interna dos Estados-membros (...) sendo certo que no caso do Tribunal de Justiça ter estabelecido o incumprimento do Estado-membro a uma tal disposição, o juíz nacional deve, em virtude da autoridade do acórdão do Tribunal, tomar em conta os elementos jurídicos nele fixados para determinar o alcance das disposições comunitárias que tem por missão aplicar."

Esta solução foi entretanto confirmada em diversos acórdãos do TJCE[156].

1.3 Inaplicação do Direito nacional incompatível com o Direito comunitário

O comando específico imposto pelo acervo formal comunitário, principalmente o princípio do primado, ao juiz nacional impõe a inaplicabilidade da norma nacional, qualquer que ela seja, quando a sua incompatibilidade com uma norma de Direito comunitário directamente aplicável tenha sido estabelecida por qualquer dos processos analisados supra.

A primeira tomada de posição do TJCE nesta matéria data de 1968, no acórdão *Luck*[157]. Estava em causa uma norma nacional

---

[156] *Comissão c. Itália,* acórdão de 19 de Janeiro de 1993, P C-101/91, Rec 1993, p. I-191.

[157] *Luck,* acórdão de 4 de Abril de 1968, P 34/67, Rec 1968, p. 359.

incompatível com o artigo 90º CE. Questionado sobre as consequências do primado da norma constante do artigo 90º CE, sobre as disposições nacionais com ela incompatíveis, o Tribunal afirmou que *"(...)* *considerando que a terceira questão tem por objecto as consequências* *do primado da regra comunitária, no caso concreto, o artigo 90º do* *tratado, relativamente às disposições de direito nacional com ela* *incompatíveis; que tem por objecto, nomeadamente, averiguar se o juíz* *deve considerar estas disposições como não aplicáveis na medida em* *que sejam incompatíveis com a regra de direito comunitário ou se deve* *declará-las nulas a partir do fim do prazo previsto na alinea 3 do* *artigo 90º; (...) considerando que se o efeito reconhecido ao artigo 90º* *do tratado exclui a aplicação de qualquer medida de ordem interna* *incompatível com esse texto, este artigo não limita, entretanto o poder* *das jurisdições nacionais competentes de aplicar, entre os diversos* *processos da ordem jurídica interna, aqueles que sejam apropriados* *para salvaguardar os direitos individuais conferidos pelo direito* *comunitário."*

Verifica-se assim que a inaplicabilidade da norma é a consequência mínima exigida pelo direito comunitário, sendo no entanto permitido ao juiz do processo lançar mão de outros institutos desde que previstos pelo Direito nacional.

Na ausência de disposições de direito interno reconhecendo ao juiz de processo o poder de inaplicar a norma incompatível com o Direito comunitário, que como já vimos, é o conteúdo mínimo da obrigação comunitária do juiz, é o Direito comunitário ele próprio, que garante essa faculdade ao juiz nacional. Esta parece ser a melhor leitura do considerando 24 do acórdão *Simmenthal*[158], de que recordamos a situação *sub judice*.

Estavam em causa duas questões prejudiciais colocadas pelo Pretore de Susa relativas ao princípio da aplicabilidade directa, tendo em vista averiguar da compatibilidade com o Direito comunitário da jurisprudência do Tribunal Constitucional italiano reservando para si o conhecimento da incompatibilidade entre direito interno e direito

---

[158] *Simmenthal*, acórdão de 9 de Março de 1978, P 106/77, cit.

comunitário. Respondendo à primeira questão, o TJCE afirmou[159] que *"(...) decorre das considerações precedentes que todo o juíz nacional, instado no quadro da sua competência, tem a obrigação de aplicar integralmente o direito comunitário e de proteger os direitos que este confere aos particulares, deixando se necessário inaplicada toda a disposição eventualmente contrária da lei nacional, seja ela anterior ou posterior à regra comunitária; (...) que seria incompatível com as exigências inerentes à natureza do direito comunitário toda a disposição de uma ordem jurídica nacional ou qualquer prática, legislativa, administrativa ou judicial, tendo por efeito diminuir a eficácia do direito comunitário pelo facto de recusar ao juíz competente para aplicar esse direito, o poder de fazer, no próprio momento dessa aplicação, tudo o que seja necessário para afastar as disposições nacionais fazendo eventualmente obstáculo à plena eficácia das normas comunitárias; (...) que seria este o caso se, na hipótese de uma contradição entre uma disposição do direito comunitário e uma lei nacional posterior, a solução desse conflito estivesse reservada a uma autoridade diferente do juíz chamado a assegurar a aplicação do direito comunitário, investida de um poder de apreciação próprio, ainda que o obstáculo resultante à plena eficácia desse direito seja apenas temporária; (...) deve então responder-se à primeira questão que o juíz nacional encarregado de aplicar, no quadro da sua competência, as disposições de direito comunitário, tem a obrigação de assegurar o pleno efeito destas normas deixando, se necessário inaplicado, por sua própria autoridade, qualquer disposição nacional contrária da legislação nacional, mesmo posterior, sem que tenha que aguardar a sua eliminação prévia pela via legislativa ou por qualquer outro processo constitucional;"*

De facto, a expressão *"de sa propre autorite"*, ilustra a distância que separa *Simmenthal* de *Luck*. Neste, o juiz era, aparentemente, titular do poder de verificar inclusivamente a nulidade da norma nacional, enquanto naquele, o juiz não teria sequer, à luz do direito nacional

---

[159] Idem, *Simmenthal*, acórdão de 9 de Março de 1978, P 106/77, cit. considerandos 20 e sgs.

A Eficácia Interna do Direito Comunitário

conformador do exercício da função jurisdicional, o poder de constatar a incompatibilidade da norma nacional com a norma comunitária.

Secção 2. A PROTECÇÃO PROVISÓRIA DEVIDA AOS PARTICULARES

2.1 Protecção provisória contra actos de direito nacional incompatíveis com o Direito comunitário

Terão os particulares direito a uma protecção provisória dos seus interesses fundados no direito comunitário, contra um acto legislativo nacional alegadamente contrário ao Direito comunitário?

A questão colocou-se a um juiz britânico a propósito de um litígio que lhe fora submetido no âmbito da sua competência, dando origem a um reenvio prejudicial, o processo *Factortame*[160].

Em causa estava um litígio entre o Governo britânico e a sociedade de direito inglês, Factortame e outros, relativamente à aplicação do *Merchant Shipping Act* de 1988 e do *Merchant Shipping (Registration of Fishing Vessels) Regulations* de 1988.

As sociedades em questão eram proprietárias e exploravam navios de pesca matriculados no registo de navios britânico ao abrigo do *Merchant Shipping Act* de 1894. Os administradores a accionistas das ditas empresas eram maioritariamente cidadãos espanhóis.

A alteração do regime legal de matrícula de embarcações de pesca, tal como redefinido pelo Acto de 1988 impunha condições impossíveis de cumprir pelas empresas em questão.

A sociedade *Factortame*, perante a contingência de se ver impedida de operar, a partir de 1 de Abril de 1989, impugnou judicialmente, em 16 de Dezembro de 1988, o Acto de 1988, alegando a sua incompatibilidade com o direito comunitário, solicitando a outorga de medidas provisórias.

---

[160] *Factortame,* acórdão de 19 de Junho de 1990, P C-213/89, Rec 1990, p I-2433.

Em 10 de Março de 1989, o juiz de instância decidiu suspendê-la, colocando uma questão prejudicial ao TJCE, sobre as questões de compatibilidade do Direito comunitário com o acto legislativo em questão, determinando ainda, a título cautelar, a suspensão provisória dos Actos de 1988 relativamente à sua aplicação aos requerentes.

O Governo britânico recorreu do despacho no que respeitava à medidas provisórias, tendo obtido vencimento em segunda instância, porquanto o *Court of Appeal* considerou que não existia, em direito britânico, qualquer norma que habilitasse um órgão jurisdicional a suspender provisoriamente a aplicação de leis.

A sociedade *Factortame* recorreu desta sentença para a *House of Lords*, que verificando a inexistência de qualquer norma de direito interno habilitando as jurisdições britânicas a suspender provisoriamente uma lei, considerou ainda assim que este poder poderia eventualmente existir por força do direito comunitário. Por isso, colocou várias questões prejudiciais ao TJCE, para averiguar se, na inexistência em direito interno, do poder jurisdicional de suspensão provisória da lei, tendo em vista a salvaguarda de direitos que os particulares invocam com base no Direito comunitário, o este obriga ou autoriza o juiz nacional a proteger a título cautelar os direitos invocados.

O reenvio foi particularmente bem formulado pela *House of Lords*. Na medida em que não existe poder sem lei, se o direito nacional não fundamenta o poder de conceder medidas provisórias, então para que estas possam ser outorgadas terão que necessariamente se fundamentar no Direito comunitário. Com efeito, o problema não se coloca no âmbito dos princípios assentes de Direito comunitário, à data da formulação do reenvio, nomeadamente no princípio do primado, mas sim na existência e origem do título para estatuir. Na hipótese em que o título para estatuir exista, configurará um poder ou um dever e, em último lugar, quais as condições do seu exercício.

A questão, nas suas diversas vertentes, é tanto mais relevante porquanto o princípio da autonomia institucional e processual dos Estados-membros determina a estraneidade do Direito comunitário aos princípios conformadores do exercício da função jurisdicional em cada Estado-membro.

O TJCE, no entanto, reformulou a questão prejudicial desvirtuando-a e colocando-a num simples problema de primado.

Com efeito, o Tribunal determinou que *"(...) o Direito comunitário deve ser interpretado no sentido de que, quando o órgão jurisdicional nacional ao qual foi submetido um litígio que se prende com o direito comunitário considere que o único obstáculo que se opõe a que ele conceda medidas provisórias é uma norma de direito nacional, deve afastar a aplicação dessa norma"*[161].

Ora, a questão colocada claramente não foi de saber se o tribunal nacional podia afastar uma norma nacional que o interditava de conceder medidas provisórias. Era sim de saber se o próprio Direito comunitário continha uma norma habilitando o juiz a decidir em sentido favorável à tutela provisória contra uma de Direito interno eventualmente contrária ao Direito comunitário.

Ao responder desta forma à primeira questão o TJCE furtou-se em primeiro lugar à fundamentação do poder do juiz nacional no Direito comunitário e, em segundo lugar, ao esclarecimento das suas condições de exercício.

2.2 A protecção provisória dos particulares contra actos nacionais de execução de actos comunitários alegadamente inválidos

A protecção provisória dos direitos dos particulares contra actos nacionais de execução de actos comunitários alegadamente inválidos colocou-se nos processos *Zuckerfabrik*[162] e *Atlanta*[163].

A questão *Zuckerfabrik* colocou-se perante duas jurisdições federais alemãs, o *Finanzgericht Hamburg* e o *Finanzgericht Dusseldorf*, a

---

[161] Idem, *Factortame,* acórdão de 19 de Junho de 1990, P C-213/89, Rec 1990, p. I-2474.

[162] *Zuckerfabrik,* acórdão de 21 de Fevereiro de 1991, P C-143/88 & C-92/89, Rec 1991, p. 534.

[163] *Atlanta,* acórdão de 9 de Novembro de 1995, P C-465/93, Rec 1995, p. I-3761.

propósito de actos nacionais de execução da regulamentação comunitária no sector do açúcar.

Nos dois casos foram introduzidos perante as jurisdições nacionais pedidos de anulação dos actos nacionais de execução do Regulamento comunitário, com fundamento na sua ilegalidade, acompanhados de pedidos de suspensão provisória dos actos impugnados.

A necessidade da tutela provisória era, do ponto de vista dos particulares, uma necessidade absoluta. De facto, na medida em que os actos nacionais de execução foram impugnados com fundamento na ilegalidade do acto de base, o Regulamento comunitário, o processo em causa seria sempre objecto de reenvio prejudicial, atendendo à jurisprudência *Fotofrost*[164], o que implicaria um atraso, só perante a jurisdição comunitária, de cerca de dois anos[165].

As duas jurisdições, no exercício de um poder que lhes é reconhecido pelo respectivo Direito nacional ordenaram a suspensão provisória dos actos impugnados e colocaram questões prejudiciais em apreciação de validade quanto ao Regulamento comunitário.

Uma delas, no entanto, considerando que a suspensão do acto nacional de execução equivalia, na realidade à suspensão do Regulamento comunitário, assim comprometendo a completa eficácia da norma comunitária, admitiu a duvida quanto à existência desse poder de atribuir a tutela provisória. Consequentemente, questionou o Tribunal de Justiça sobre a existência do poder de outorgar medidas provisórias e, no caso afirmativo, em que condições deverão tais medidas ser concedidas.

O TJCE pronunciou-se sobre as questões em 21 de Fevereiro de 1991, admitindo o direito dos particulares impugnarem, com fundamento na invalidade do acto comunitário de base, junto dos Tribunais nacionais, actos nacionais de execução de Regulamentos comunitários.

---

[164] *Fotofrost,* acórdão de 22 de Outubro de 1987, P 314/85, Rec 1987, p. 4199. Abstemo-nos, pelo momento, de comentar a jurisprudência *Fotofrost*, na medida em que lhe dedicaremos uma secção autónoma em fase posterior.

[165] *Supra*, condições de admissibilidade prejudicial.

A Eficácia Interna do Direito Comunitário   85

Esta impugnação deve, de acordo com o Tribunal de Justiça, desencadear um reenvio prejudicial em apreciação de validade, tal como determinado na jurisprudência *Fotofrost*.

Tendo em vista a salvaguarda dos direitos dos particulares, mas também como forma de efectivar o acatamento da jurisprudência *Fotofrost* pelas jurisdições nacionais, o TJCE reconheceu às jurisdições nacionais o poder de outorgar medidas provisórias.

Fê-lo, no entanto, estabelecendo um rígido enquadramento para o seu exercício, bem ao contrário do que em 19 de Junho de 1990[166], cerca de seis meses antes, havia feito.

Com efeito, o TJCE estabeleceu uma analogia entre a suspensão provisória perante a jurisdição nacional e a suspensão provisória determinada no âmbito do recurso de anulação.

No litígio perante a jurisdição comunitária é possível a outorga de medidas provisórias nos termos previstos no artigo 242º CE. Assim sendo, tendo em vista a coerência do sistema, quando a questão da validade do acto comunitário seja suscitada perante uma jurisdição nacional, deverão estas jurisdições estar habilitadas a outorgá-las.

Para reforçar esta posição, o TJCE apelou ainda à sua jurisprudência *Factortame*[167], que, como verificámos supra, reconheceu o mesmo poder às jurisdições nacionais relativamente aos actos de Direito nacional alegadamente contrários ao Direito comunitário, salientando que: *"(…) a protecção provisória assegurada aos particulares perante as jurisdições nacionais pelo direito comunitário não pode variar conforme eles contestem a compatibilidade de disposições de direito nacional com o direito comunitário ou a validade de actos comunitários de direito derivado, pois que nos dois casos, a contestação se funda no próprio direito comunitário"*[168].

---

[166] *Factortame,* acórdão de 19 de Junho de 1990, P C-213/89, Rec 1990, p I-2433.

[167] Idem, *Factortame,* acórdão de 19 de Junho de 1990, P C-213/89, Rec 1990, p I-2433.

[168] *Zuckerfabrik,* acórdão de 21 de Fevereiro de 1991, P C-143/88 & C-92/89, Rec 1991, p. 534 considerando 20.

Assim, declarando a necessidade de reconhecer ao juiz nacional o poder de conceder medidas provisórias, o TJCE considerou necessário estabelecer as condições de exercício desse poder.

Em primeiro lugar, o Tribunal nacional deve ter sérias duvidas sobre a legalidade do acto comunitário cuja validade é impugnada[169] e a suspensão deve ser temporária, eficaz apenas até que o TJCE se pronuncie quanto à legalidade do acto, devendo o juiz que atribua medidas provisórias, no respeito pela jurisprudência *Fotofrost*, colocar uma questão prejudicial em apreciação de validade.

Além disso, considerando as necessidades decorrentes da interpretação e aplicação uniforme do Direito comunitário, as condições exigidas pelo TJCE, na sua jurisprudência constante relativa à interpretação do artigo 242º CE, para a outorga de medidas provisórias deve ser respeitada pela jurisdição nacional que as pretenda igualmente outorgar.

Isto que significa que as medidas provisórias apenas podem ser concedidas em situações de emergência[170], para evitar danos sérios e irreparáveis, insusceptíveis de compensação no caso do Regulamento comunitário ser considerado inválido e a sua verificação deverá ocorrer num prazo inferior àquele em que o TJCE se pronunciará sobre a validade do acto comunitário.

Os simples prejuízos financeiros não são considerados danos irreparáveis e a jurisdição nacional, antes de suspender o acto nacional, deverá ter em atenção o interesse comunitário, verificando, em primeiro lugar, se a suspensão não será de molde a privá-lo de todo o efeito útil e, em segundo lugar, se da suspensão não resulta um risco financeiro para a Comunidade.

No primeiro caso o juiz nacional deverá negar a medida provisória, enquanto no segundo caso deverá solicitar aos litigantes a prestação de uma garantia.

---

[169] O que implica que não exista ainda qualquer decisão do Tribunal de Justiça ou do TPI declarando a invalidade do acto comunitário em causa, nem uma decisão das mesmas jurisdições considerando o acto válido após análise dos fundamentos invocados.

[170] A este respeito, BARAV, Ami, *Omnipotent Courts*.

A *Eficácia Interna do Direito Comunitário* 87

O problema em *Atlanta* é ligeiramente diferente, pois o que está em causa não é um acto nacional de execução de um regulamento comunitário alegadamente inválido mas sim a recusa da prática de actos administrativos com base em regulamento comunitário alegadamente inválido, o que implica que as medidas provisórias eventualmente concedidas se consubstanciem na obrigatoriedade da prática de um acto administrativo, no caso concreto, a emissão de licenças de importação de bananas de países terceiros.

Atendendo à diferença substancial entre este caso concreto e a situação *Zuckerfabrik*, a jurisdição nacional colocou um reenvio prejudicial tendo em vista averiguar se lhe assistiria o poder de outorgar a protecção provisória, na medida em que dela decorreria a outorga não de uma suspensão de execução mas de uma medida positiva.

Retomando a sua jurisprudência *Zuckerfabrik*, o Tribunal de Justiça reafirmou a possibilidade de outorga de medidas provisórias pelas jurisdições nacionais mesmo que isso signifique a prática de uma medida positiva e as condições em que tal protecção é possível são as mesmas que estabelecidas em *Zuckerfabrik*.

Como se verifica, a suspensão provisória do acto nacional de execução é um poder das jurisdições nacionais rigorosamente enquadrado pela jurisprudência do TJCE.

A sua relevância para a salvaguarda dos direitos dos particulares é inegável. No entanto, quando lida em conjunto com a pronúncia *Factortame* não podemos deixar de criticar a posição do TJCE.

Com *Factortame*[171], cuja solução final é também de inquestionável relevância na tutela dos interesses dos particulares, o juiz nacional adquiriu o poder de suspender preventivamente uma lei em sentido formal, sem que o exercício desse poder tenha sido minimamente enquadrado. A descricionaridade do juiz nacional é completa.

E, no entanto, em *Factortame* o poder que se entrega ao juiz nacional é o de suspender, se o entender, normas nacionais com a mesma origem e, eventualmente, o mesmo valor que a norma interna determinante do título ao abrigo do qual a jurisdição deve estatuir.

---

[171] *Factortame*, acórdão de 19 de Junho de 1990, P C-213/89, Rec 1990, p I-2433.

Mesmo considerados isoladamente, *Zuckerfabrik* e *Atlanta* são ainda criticáveis. Na realidade, as condições impostas para a suspensão provisória são mais gravosas do que as existentes em alguns dos Estados-membros, nomeadamente, na República Federal, para situações semelhantes de natureza puramente interna[172]. E neste caso, a garantia jurisdicional dos particulares é gravemente afectada, diminuindo a sua eficácia quando haja que tutelar uma situação decorrente do Direito comunitário.

Esta questão torna-se tanto mais grave quanto na realidade as condições impostas pelo TJCE consubstanciam uma violação ao principio da autonomia institucional e processual que, ao contrário de outras pronúncias do mesmo Tribunal, inquinadas do mesmo mal, implica um retrocesso relativamente à realização, nos Estados-membros, do princípio do Estado de Direito.

Ora, se em nome deste princípio será admissível a violação do princípio da autonomia institucional e processual, a inversa não pode de modo algum aceitar-se.

Finalmente, *Zuckerfabrik* e *Atlanta* suscitam ainda questões importantes de coerência da jurisprudência do TJCE.

Com efeito, existem jurisdições nacionais que têm competência limitada à outorga de medidas provisórias. Decidida esta questão, o processo seguirá termos junto de outra jurisdição.

Acontece que, nos termos da jurisprudência do TJCE[173], sempre que uma jurisdição tenha esgotado a sua competência em determinado processo não serão admitidas as suas questões prejudiciais. Neste caso, como conciliar a obrigação imposta em *Zuckerfabrik*?

Por outro lado, uma das condições impostas para a outorga da protecção provisória é a sua necessidade para evitar um prejuízo grave e irreparável, sendo certo que o Tribunal afirmou em *Atlanta* que um prejuízo puramente pecuniário não é um prejuízo grave e irreparável[174].

---

[172] BARAV, Ami, *Omnipotent Courts.*

[173] Entre outros, *Pardini,* acórdão de 21 de Abril de 1988, P 338/85, Rec 1988, p.

[174] *Atlanta*, acórdão de 9 de Novembro de 1995, P C-465/93, Rec 1995, p. I-3761, considerandos 40 e 41.

A Eficácia Interna do Direito Comunitário   89

Sucede que um prejuízo financeiro causado por um acto nacional de execução de um regulamento comunitário inválido não é irreparável quando, verificando-se a sua ocorrência, seja possível ao lesado ressarcir-se do dano através da efectivação da responsabilidade extracontratual da Comunidade estabelecida no artigo 288º CE segundo parágrafo.

Ora, a jurisprudência do Tribunal de Justiça nesta matéria é francamente restrictiva, considerando como requisitos para a existência de responsabilidade extracontratual da Comunidade a existência de um prejuízo causado por uma violação suficientemente caracterizada de uma regra superior de direito que tenha por objectivo a protecção dos particulares[175], o que na prática inviabiliza frequentemente a reparação do prejuízo financeiro que, assim, se torna irreparável.

SECÇÃO 3. **O CONTENCIOSO DA REPETIÇÃO DO INDEVIDO**

O Direito comunitário é, em larga medida, direito económico e enquanto tal implica repercussões pecuniárias, ao nível comunitário como ao nível nacional, tanto para os Estados como para os operadores económicos.

Esta afirmação infere-se a partir do texto dos próprios Tratados. Com efeito, a interdição dos direitos aduaneiros e encargos de efeito equivalente à importação e exportação[176] e a proibição da taxação interna discriminatória[177], demonstram claramente a importância das implicações financeiras do Direito comunitário.

---

[175] Entre outros, *Schoppenstedt*, acórdão de 2 de Dezembro de 1971, P 5/71, Rec 1971, p. 975; *HNL*, acórdão de 25 de Maio de 1978, P apensos 83/76, 94/76, 4/77, 15/77 e 40/77, Rec 1978, p. 1209; *Royal Scholten-Honig*, acórdão de 25 de Outubro de 1978, P apensos 103/77 e 145/77, Rec 1978, p. 2037; *Amylum*, acórdão de 5 de Dezembro de 1979, P apensos 116/77 e 124/77, Rec 1979, p. 3497; *Sofrimport*, acórdão de 26 de Junho de 1990, P C-152/88, Rec 1990, p. I-2477; e *Mulder*, acórdão de 19 de Maio de 1992, P apensos C-104/89 e C-37/90, Rec 1992, p. I-3126.

[176] Artigos 12º e seguintes Tratado CE, especialmente artigo 16º.

[177] Artigo 95º CE.

Assim, quando a norma comunitária proíbe aos Estados-membros a cobrança de certos montantes, na medida em que essa norma produza efeito directo, aos operadores económicos assiste, em primeiro lugar, o direito de não pagar. Este comportamento, no entanto, é bastas vezes pouco consentâneo com as necessidades da vida comercial, pelo que frequentemente o operador económico opta pelo pagamento do valor em questão, demandando posteriormente o seu reembolso perante as autoridades nacionais. Esta situação está na origem de inúmeros reenvios prejudiciais, através dos quais o TJCE construiu o contencioso comunitário da repetição do indevido[178].

Pelas suas características próprias, o contencioso da repetição do indevido encontra-se intimamente relacionado, senão mesmo no centro, da tutela jurisdicional devida aos particulares, o que tem levado, o TJCE, ao longo dos anos, a desenvolver todo um conjunto de regras aplicáveis na matéria, tanto na vertente do reembolso aos particulares como do reembolso aos Estados e à Comunidade.

O fundamento do direito à repetição do indevido não é exclusivo nem particular do Direito comunitário. Com efeito, a repetição do indevido é um princípio comum ao direito civil[179] e ao direito público, inspirado na equidade[180], que impõe a restituição de valores percebidos sem fundamentação num título jurídico válido.

Esta questão comunitariza-se a partir do momento em que decorra do Direito comunitário a invalidade do título jurídico ao abrigo do qual o montante foi pago ou percebido e uma análise cuidada da jurisprudência comunitária permite encontrar, pese embora exista um tronco comum, ramificações diversas na fundamentação do direito ao reembolso, conforme as diversas situações concretas.

---

[178] BARAV, Ami, "La repetition de l'indu dans la jurisprudence de la Cour de Justice des Communautés Européennes", CDE, 1981, p. 507.

[179] ANTUNES VARELA, J. M., *Das Obrigações em Geral*, Vol I, Almedina, Coimbra, 5ª Edição, 1986, p. 458.

[180] BARAV, Ami, "La repetition de l'indu dans la jurisprudence de la Cour de Justice des Communautés Européennes", CDE, 1981, p. 510.

A Eficácia Interna do Direito Comunitário

Os primeiros afloramentos da questão datam de 1976, nos processos *REWE*[181] e *COMET*[182], em que a repetição do indevido é tratada de uma forma indirecta, mercê, nomeadamente, da formulação das questões prejudiciais colocadas pelas jurisdições de reenvio, que atendiam antes de mais, à questão de saber da compatibilidade do Direito comunitário com os prazos nacionais de interposição dos processos adequados.

A primeira vez que o TJCE explicitamente reconheceu o fundamento comunitário da repetição do indevido foi no processo *Pigs and Bacon*[183].

Em causa estava um sistema de comercialização de carne de suíno na Irlanda, de acordo com o qual era cobrada uma taxa aos produtores, em contrapartida de um prémio concedido aos exportadores.

Verificando que a taxa assim cobrada servia objectivos incompatíveis com o Direito comunitário, o TJCE declarou que qualquer operador económico a ela sujeito, que a tivesse pago, teria o direito de reclamar os montantes indevidamente liquidados.

Esta posição de princípio seria posteriormente reafirmada pelo TJCE no acórdão *Hans Just*[184], em que o Tribunal determinou o reembolso de montantes cobrados em violação do artigo 90° CE.

Os exemplos jurisprudenciais citados respeitam à primeira espécie de situação que podemos encontrar no contencioso da repetição do indevido, e, na realidade, a mais frequente, de cobranças estaduais incompatíveis com do Direito comunitário[185].

---

[181] *Rewe,* acórdão de 16 de Dezembro de 1976, P 33/76, Rec 1976, p. 1899.

[182] *Comet,* acórdão de 16 de Dezembro de 1976, P 45/76, Rec 1976, p. 2043.

[183] *Pigs and Bacon Comissão c. McCarren,* acórdão de 26 de Junho de 1979, P 177/78, Rec 1979, p. 2161.

[184] *Hans Just,* acórdão de 27 de Fevereiro de 1980, P 68/79, Rec. 1980, p. 501.

[185] *Rewe,* acórdão de 16 de Dezembro de 1976, P 33/76, Rec 1976, p. 1899; *Comet,* acórdão de 16 de Dezembro de 1976, P 45/76, Rec 1976, p. 2043; *Cuchi,* acórdão de 25 de Maio de 1977, P 77/76, Rec 1977, p. 987; *Pigs and Bacon Comissão c. McCarren,* acórdão de 26 de Junho de 1979, P 177/78, Rec 1979, p. 2161; *Hans Just,* acórdão de 27 de Fevereiro de 1980, P 68/79, Rec. 1980, p. 501; *Denkavit,* acórdão de 27 de Março de 1980, P 61/79, Rec 1980, p. 1205; *Ariete,* acórdão de 10 de Junho de 1980, P 811/79, Rec 1980, p. 2545; *MIRECO,* acórdão de 10 de Junho de 1980, P 826/79, Rec 1980, p 2559; *Essevi et Salengo,* acórdão de 27 de Maio de

92   O Juiz Nacional e o Direito Comunitário

Neste caso, a fundamentação encontrada pelo Tribunal para o reembolso é o próprio efeito directo da norma comunitária violada, ainda que de uma forma indirecta. De facto, do efeito directo dessa norma decorre, antes de mais, o direito a não pagar, como correspondente lógico da proibição de cobrar e, caso o pagamento se concretize, é uma exigência natural da realização do pleno efeito da norma comunitária a imposição do seu reembolso[186]. Desta forma e porque a fundamentação encontrada pelo TJCE para a repetição do indevido é a aplicabilidade directa da norma comunitária violada, parece natural afirmar que não existe direito ao reembolso quando a norma comunitária em causa não seja directamente aplicável[187].

Esta fundamentação é, a nosso ver e, como salienta o Prof. Ami Barav[188], algo falaciosa. Na realidade, a fundamentação normal da repetição do indevido é a ilegalidade do título a propósito do qual os montantes foram percebidos. Ora, se assim é, parece que esta ilegalidade poderá decorrer de qualquer norma comunitária, produza ou não efeito directo.

A fundamentação da repetição do indevido na ilegalidade do título permitiria, assim, uniformizar a fundamentação da repetição do indevido, independentemente da situação *sub judice*.

A segunda situação espécie do contencioso da repetição do indevido relaciona-se com as cobranças efectuadas pelas autoridades nacionais com base em actos comunitários posteriormente declarados inválidos[189]. Esta situação colocou-se pela primeira vez no processo *Express Dairy Foods*, após a declaração de invalidade de alguns regu-

---

1981, P 142 & 143/80, Rec 1981, p 1413; *San Giorgio,* acórdão de 9 de Novembro de 1983, P 199/82, Rec 1983, p. 3595; *Bianco*, acórdão de 25 de Fevereiro de 1988, P 331, 376 & 378/85, Rec 1988, p 1799; *Deville*, acórdão de 29 de Junho de 1988, P 240/87, Rec 1988, p 3513; *Bessin et Salsson,* acórdão de 9 de Novembro de 1989, P 386/87, Rec 1989, p 3551.

[186] *San Giorgio,*acórdão de 9 de Novembro de 1983, P 199/82, cit.; *Deville,* acórdão de 29 de Junho de 1988, P 240/87, cit.

[187] A este respeito, BARAV, Ami, "La repetition de l'indu dans la jurisprudence de la Cour de Justice des Communautés Européennes", CDE, 1981, p. 516 e sgs.

[188] Idem.

[189] *Express Dairy Foods,* acórdão de 12 de Junho de 1980, P 130/79, Rec 1980, p 1887; *International Chemical Corporation*, acórdão de 13 de Maio de 1981, P 66/80, Rec 1981, p. 1191.

A Eficácia Interna do Direito Comunitário 93

lamentos comunitários sobre montantes compensatórios monetários cobrados na exportação de lacticínios. O Tribunal respondeu ao juiz de instância de uma forma algo dúbia, ao afirmar que compete à jurisdição nacional decidir sobre o reembolso, o que parece admitir a possibilidade deste não se concretizar[190], possibilidade essa que foi expressamente imposta à jurisdição nacional, no processo *International Chemical Corporation*[191], sempre que o operador onerado com a cobrança ilegal a tivesse repercutido sobre os seus clientes, numa pronúncia, aliás, consentânea com a prestada no acórdão *Hans Just*.

Esta jurisprudência provocou de imediato reacções legislativas em alguns Estados-membros, nomeadamente, em Itália, que estabeleceu uma presunção de repercussão, ilidível apenas mediante prova documental, dando origem a alguns reenvios prejudiciais[192], em que o TJCE teria a oportunidade de alterar ligeiramente a sua jurisprudência.

A terceira situação de repetição do indevido é a que decorre de uma aplicação errada do Direito comunitário.

Sabemos que o Direito comunitário se executa em larga medida através das autoridades estaduais e que esta descentralização pode gerar, como efectivamente acontece, aplicações erróneas das normas comunitárias.

Situações desta natureza estiveram subjacentes a diversos processos perante o TJCE[193] e a fundamentação encontrada foi mais uma vez diferente. De acordo com as pronúncias do Tribunal, o reembolso torna-se exigível em virtude da responsabilidade que para os Estados-membros resulta da sua intervenção em sede de finanças comunitárias.

---

[190] A este respeito, BARAV, Ami, "La repetition de l'indu dans la jurisprudence de la Cour de Justice des Communautés Européennes", CDE, 1981, p. 519.

[191] *International Chemical Corporation*, acórdão de 13 de Maio de 1981, P 66/80, Rec 1981, p. 1191.

[192] *San Giorgio*,acórdão de 9 de Novembro de 1983, P 199/82; *Bianco,* acórdão de 25 de Fevereiro de 1988 , P 331, 376 & 378/85, Rec 1988, p 1799, cit.

[193] *Ferwerda,* acórdão de 5 de Março de 1980, P 265/78, Rec 1980, p 617; *Lippische Hauptgenossenschaft,* acórdão de 12 de Junho de 1980, P 119 & 126/79, Rec 1980, p. 1863; *Salumi*, acórdão de 27 de Março de 1980, P 66, 127 e 128/79, Rec 1980, p. 1237.

A quarta situação de repetição do indevido respeita ao reembolso de auxílios de estado incompatíveis com o mercado comum[194] e foi pela primeira vez admitido pelo TJCE no processo relativo aos auxílios à reconversão das regiões mineiras na República Federal[195]. Pela sua actualidade, dedicaremos ao reembolso dos auxílios de estado os próximos parágrafos.

O princípio do reembolso dos auxílios de estado[196] foi concebido pela Comissão, como forma de dotar a sua intervenção nesta matéria de um carácter dissuasor e sancionatório, sendo admitido pelo TJCE numa perspectiva da plena eficácia da interdição estabelecida pelo Direito comunitário e tem por objectivo repôr a situação jurídica que existiria se o auxílio não houvesse sido atribuído.

No estado actual do Direito comunitário a recuperação do auxílio ilegal pode ser imposta pela Comissão ao Estado-membro, pelos processos estabelecidos em Direito interno, com fundamento na incompatibilidade do auxílio para com o mercado comum, ou seja, na violação do artigo 87° n° 1 CE ou pela jurisdição nacional, com fundamento na aplicabilidade directa da última frase do n° 3 do artigo 88° CE[197].

---

[194] *Comissão c. RFA,* acórdão de 12 de Julho de 1973, P 70/72,, Rec 1973, p 813; *Comissão c. RFA,* acórdão de 2 de Fevereiro de 1989, P 94/87, Rec 1989, p 175; *Bélgica c. Comissão,* acórdão de 21 de Março de 1990, P C-142/87, Rec 1990, p I-959; *França c. Comissão*, acórdão de 14 de Fevereiro de 1990, P C-301/87, Rec 1990, p I-307; *Itália c. Comissão,* acórdão de 21 de Março de 1991, P C-303/88, Rec 1991, p I-1433; *Comissão c. RFA,* acórdão de 2 de Setembro de 1990, P C-5/89, Rec 1990, p I-3437.

[195] *Comissão c. RFA*, acórdão de 12 de Julho de 1973, P 70/72, Rec 1973, p 813.

[196] O princípio consubstancia-se pela possibilidade de impôr ao Estado a obrigação de reaver, do beneficiário do auxílio, os montantes atribuídos em violação do Direito comunitário.

[197] HAZARD, Isabelle, "Pouvoirs respectifs de la Comissão et des Juridictions nationales: Arrêts récents en matière de procédure applicable aux aides d'états", in RMC, n° 365, 1993; *Saumon,* acórdão de 21 de Novembro de 1991, P C-354/90, Rec 1991; *Boussac,* acórdão de 14 de Fevereiro de 1990, P C-301/87, Rec 1990, cit.

A primeira vez que o TJCE reconheceu este poder foi no acórdão *Comissão c. RFA*[198], mediante uma interpretação extensiva do artigo 88° n° 2[199].

Em causa estava um regime de auxílios a favor da reconversão de regiões mineiras estabelecido por uma lei da República Federal da Alemanha de 1968, notificado à Comissão antes da sua entrada em vigor.

A Comissão pronunciou-se pela compatibilidade do regime, tendo em vista a sua conformidade com a legalidade comunitária e por se tratar de um regime temporário, que deveria terminar em 1 de Janeiro de 1970.

Este regime viria, no entanto, a ser prorrogado por uma lei do Parlamento alemão, que apenas foi notificada à Comissão após a sua entrada em vigor, que decidiu instaurar o processo de investigação previsto no artigo 88° n° 2 CE, concluindo pela incompatibilidade do auxílio, ordenando à República Federal a cessação imediata dos auxílios.

A República Federal não se conformou com a Decisão da Comissão e continuou a aplicar o regime censurado. Perante esta situação, a Comissão recorreu ao TJCE, solicitando-lhe a constatação do incumprimento da República Federal, bem como a sua condenação na recuperação dos auxílios prestados após a data da Decisão que verificou a sua incompatibilidade.

Na sua contestação, a República Federal suscitou a inadmissibilidade do pedido da Comissão, invocando para tal o artigo 228° CE, que no seu entender interditava ao TJCE ultrapassar a simples constatação do incumprimento, competindo exclusivamente ao Estado em causa a decisão sobre as medidas necessárias à execução do acórdão do Tribunal.

Na realidade, a República Federal apenas invocava a jurisprudência do TJCE[200], sustentando a natureza declarativa do acórdão por incumprimento.

---

[198] *Comissão c. RFA*, acórdão de 12 de Julho de 1973, P 70/72, Rec 1973, p. 813.

[199] Croizier, Isabelle, *L'ofensive de la CEE contre les aides nationales*, Apogée, Rennes, 1993, cit.

[200] *Humblet*, acórdão de 16 de Dezembro de 1960, P 6/60, Rec 1960, p 1125.

Esta é uma questão pertinente. Terá a acção por incumprimento uma natureza declarativa, ou será, na realidade, um contencioso de plena jurisdição?

Em favor da primeira posição aponte-se, em primeiro lugar, a própria redacção do artigo 228º CE, que, à semelhança do artigo 143º CECA parece consagrar um equilíbrio entre a competência do Tribunal e o princípio da autonomia institucional dos Estados-membros, bem como as pronúncias do TJCE que explicitamente acatam esta interpretação.

Esta posição, no entanto, é de molde a enfraquecer a autoridade do acórdão por incumprimento, o que de algum modo levou a jurisprudência do TJCE, com o apoio de alguma doutrina[201], a alterar ligeiramente o equilíbrio estabelecido.

No caso concreto, o TJCE entendeu que a admissibilidade da acção por incumprimento deveria ser analisada em vista do artigo 88º nº 2 CE e não face ao artigo 228º CE, como pretendia a República Federal.

Ao fazê-lo, o problema deixou de ser uma questão de competência do Tribunal, para passar a ser uma questão de competência da Comissão.

Na realidade, o acórdão do Tribunal que constatasse o incumprimento da Decisão de 17 de Janeiro de 1971, que impunha o reembolso, não teria, nesta matéria mais que um valor declarativo, a partir do momento em que esta obrigação decorra do próprio acto inobservado, ou seja, em que a obrigação de reembolso imposta pela Comissão não seja respeitada.

Uma vez colocada nestes termos a questão do título da obrigação, resta saber se o título é válido ou, pelo contrário, está ferido de ilegalidade por incompetência do seu autor. Terá, a Comissão, face ao artigo 88º nº 2 CE, o poder de impor aos Estados-membros a recuperação dos auxílios públicos incompatíveis com o mercado comum?

Apesar de, no caso concreto, ter rejeitado a pretensão da Comissão, o TJCE admitiu o princípio geral, considerando que o poder de

---

[201] SIMON, Denys, "Recours en constatation de manquement", JCL Europe Fasc. 380, 1991.

A Eficácia Interna do Direito Comunitário 97

exigir a supressão ou a modificação de um auxílio público, consignado à Comissão pelo artigo 88° n° 2 CE ficaria desprovido de efeito útil se não pudesse comportar a obrigação de recuperação do auxílio incompatível. A inobservância desta obrigação consubstancia um incumprimento que pode ser conhecido pelo Tribunal, nos termos previstos no artigo 88° CE.

Nestes termos, por via de uma interpretação extensiva do artigo 88°, a Comissão fica investida no poder de exigir ou não a recuperação do auxílio. Este poder, à semelhança do poder de avaliar a compatibilidade do auxílio com o mercado comum, é um poder discricionário[202], mas cujo exercício, como verificamos, apenas será licito quando a ilegalidade do auxílio público decorra da sua incompatibilidade com o artigo 87° CE.

A jurisprudência citada constituiu a base da Comunicação da Comissão, relativa a auxílios públicos, de 1983[203]. Nesta Comunicação a Comissão informa os potenciais beneficiários do risco de serem obrigados a devolver qualquer auxílio que lhes seja prestado antes de uma decisão final sobre a sua compatibilidade com o mercado comum, nos termos do artigo 87° CE.

Após 1983, a Comissão recorreu frequentemente a este poder[204], determinando casuisticamente qual o conteúdo exacto da obrigação de recuperação[205], em observância da jurisprudência *Comissão c. Pays-Bas*[206], que impõe precisamente o dever de claramente especificar a obrigação do Estado-membro[207].

---

[202] MORSON, S. "La récupération des aides octroyées par les États en violation du Traité CEE", cit.

[203] JO C 318 1983.

[204] HANCHER, L., OTTERVANGER T., Slot, P. J., *EC State Aids*, European Practice Library, Chancery Law Publishing, Chichester, 1993, p. 250.

[205] Decisão 91/144/CEE; Decisão 91/389/CEE; Decisão 91/175/CEE; Decisão 91/175/CEE; Decisão 92/329/CEE; Decisão 91/390/CEE; Decisão 91/391/CEE; Decisão 92/011/CEE; Decisão 92/296/CEE; Decisão 91/304/CEE; Decisão 92/330/CEE.

[206] *Comissão c. Holanda*, acórdão de 2 de Fevereiro de 1988, P 213/85, Rec 1988, p. 281.

[207] No mesmo sentido, *TWD I*, acórdão de 9 de Março de 1994, P C-188/92, Rec 1994, p. I – 846, e *Saumon,* acórdão de 21 de Novembro de 1991, P C-354/90, cit.

No estado actual do Direito comunitário qual será, então, o alcance deste poder de impor a recuperação do auxílio considerado ilegal?

A jurisprudência *Comissão c. Itália (Alfa Romeo)*[208] é esclarecedora nesta matéria.

Em causa estava o incumprimento da Decisão da Comissão de 31 de Maio de 1989[209] relativa a auxílios concedidos pelo Governo italiano à Alfa Romeo.

Entre 1895 e 1986 a Alfa Romeo era o segundo construtor italiano de automóveis e era detida por uma holding, Finmeccanica, que por sua vez era controlada por uma holding estatal, a IRI – Istituto per la recostruzione industriale.

Em 1985, o Governo italiano concedeu à Alfa Romeo um auxílio de 206,2 mil milhões de liras, sob a forma de suprimentos[210], tendo em vista compensar os prejuízos do exercício de 1984 e do primeiro semestre de 1985. Os recursos utilizados tinham origem numa dotação orçamental do Orçamento de estado de 1985, a favor de entidades gestoras das participações estatais, entre as quais a IRI. O destino a dar às dotações em causa foi determinado por uma decisão do *Comitato interministeriale per la programmazione economica*.

O auxílio em causa não foi notificado. Em 1987 a Comissão abriu o processo previsto no artigo 88° n° 2 CE e no decurso das investigações concluiu que em 1986 o Governo italiano havia concedido à Alfa Romeo um novo auxílio, ainda sob a forma de suprimentos, no valor de 408,9 mil milhões de liras. Os fundos utilizados tinham origem num empréstimo obrigacionista, remunerado pela República Italiana e contraído pela IRI, cuja repartição foi determinada por decisão do *Comitato interministeriale per la programmazione economica*. Este segundo auxílio não foi notificado.

Em 31 de Maio de 1989 a Comissão adoptou a Decisão 89/661/ /CEE, considerando os dois auxílios ilegais, por falta de notificação e

---

[208] *Comissão c. Itália,* acórdão de 4 de Abril de 1995, P C-348/93, ainda não publicado.

[209] Decisão 89/661/CEE, JO L 394, p. 9.

[210] *Apports de capitaux.*

incompatíveis com o mercado comum, nos termos do artigo 87° n° 1 CE.

Consequentemente, a Comissão impunha à República italiana a exigência dos valores em causa à Finmeccanica[211], no prazo de dois meses após a notificação. A partir dessa data, seriam devidos juros moratórios liquidados nos termos previstos em direito interno para as dívidas ao Estado.

A Decisão foi notificada ao Governo italiano em 31 de Julho de 1989, que não a executou no prazo de dois meses. Ao contrário, a República italiana interpôs recurso de anulação contra a Decisão, sem que tenha requerido a sua suspensão. O recurso de anulação em causa[212] foi julgado improcedente em 21 de Março de 1991.

Em 13 de Março de 1992 o Governo italiano informou a Comissão que a Finmeccanica iria proceder à restituição dos auxílios, acrescidos de juros de mora e em 26 de Junho de 1992 a Comissão respondeu, por nota, que a recuperação deveria ser também exigida à IRI.

A Finmeccanica restituiu os valores em causa e o Governo italiano informou esse facto em 12 de Fevereiro de 1993.

A Comissão intentou acção ao abrigo do artigo 88° n° 2 CE em 7 de Julho de 1993, alegando o incumprimento da sua decisão na medida em que os auxílios não foram recuperados no prazo de dois meses indicado pela Decisão, cálculo errado dos juros de mora e os auxílios não teriam sido exigidos pelo Estado à IRI.

O primeiro fundamento, inexistência de recuperação no prazo estabelecido, é manifestamente procedente, atendendo à jurisprudência do TJCE.

Quanto ao cálculo errado dos juros de mora, no que respeita à data a partir do qual se contariam, consubstancia apenas uma questão de pormenor, sendo certo que o que de relevante parece existir nesta questão é a possibilidade de cobrar esses mesmos juros. Ora esta ques-

---

[211] Artigo 2° da Decisão: "Le Governement italien est tenu de supprimer les aides mentionées à l'article premier et d'exiger de la societé Finmeccanica qu'elles les restitue".

[212] *Itália c. Comissão*, acórdão de 21 de Março de 1991, P C-305/89, Rec 1991, p. I – 603.

tão é, no estado actual do Direito comunitário, uma questão pacífica[213], aceitando-se que o objectivo da recuperação do auxílio ilegal, a reposição da situação que existiria se a ilegalidade não tivesse ocorrido, pode incluir a obrigação de pagar juros moratórios, eventualmente desde a data em que ocorreu o ilícito, em aplicação das regras pertinentes de direito interno[214].

A questão interessante que se coloca neste processo é a obrigação de recuperar os auxílios incompatíveis não só da Finmeccanica, mas também da IRI, ou seja, qual o alcance da noção de beneficiário do auxílio, por um lado e o valor jurídico das notas ou esclarecimentos prestados pela Comissão, em interpretação dos seus actos típicos.

A segunda questão foi pura e simplesmente ignorada tanto pelo Advogado-Geral Jacobs como pelo TJCE. O primeiro porque, pela simples análise da Decisão controvertida concluiu favoravelmente à Comissão, o segundo porque, com base no mesmo pressuposto concluiu pela improcedência do pedido da Comissão.

Com efeito, o Advogado-Geral Jacobs[215] analisa a Decisão controvertida e procede a uma interpretação teleológica da mesma, sendo certo que o resultado obtido é manifestamente contraditório com a interpretação resultante do elemento literal. Ora, a interpretação teleológica não pode realizar-se quando conduza a um resultado que não tenha qualquer correspondência com o elemento literal, sendo certo também que *in claris non fit interpretatio*[216].

Esta é, a nosso ver, a situação *sub judice* e terá sido este também o entendimento do TJCE, ao negar procedência ao pedido da Comissão neste particular[217].

---

[213] Veja-se a este respeito, Decisão 92/11/CEE de 31 de Julho de 1991; 91/390/CEE, de 26 de Março de 1991 e 91/389/CEE, de 18 de Julho de 1990.

[214] *Express Dairy Foods*, acórdão de 12 de Junho de 1980, P 130/79, Rec 1980, p 1887.

[215] *Comissão c. Itália*, acórdão de 4 de Abril de 1995, P C-348/93, Conclusões Jacobs, pontos 22 e sgs.

[216] SILVA CUNHA, J., *Direito Internacional Público, Introdução e Fontes*, 5ª Edição, Almedina, Coimbra, 1991.

[217] *Comissão c. Itália*, acórdão de 4 de Abril de 1995, P C-348/93, considerandos 24 a 30.

A Eficácia Interna do Direito Comunitário 101

Na realidade, a IRI intervêm no processo de concessão de auxílios de estado como intermediária, à semelhança aliás da intervenção da Finmeccanica. A segunda, por força do articulado da Decisão controvertida e dos factos subsequentes, adquire uma posição de beneficiária do auxílio, sendo que este facto apenas se compreende se atendermos ao circunstancialismo próprio de todo o processo[218]. Desta forma, atendendo à redacção do artigo 2º da Decisão, resulta claro que a obrigação de reembolso se encontra cumprida pela devolução dos auxílios à IRI.

A solução seria forçosamente outra se admitirmos que a nota da Comissão de 6 de Abril de 1993[219] é susceptível de produzir efeitos jurídicos. Essa produção, no entanto, equivaleria a reconhecer à Comissão o poder de interpretar o Direito comunitário derivado, sendo certo que este poder é exclusivo do TJCE[220].

Outra situação resultaria se o acto de 6 de Abril tivesse uma natureza diversa. Com efeito, se o acto em causa fosse uma Decisão, modificativa da primeira, adoptada nos termos previstos no Tratado, seria admissível e até normal a exigência da recuperação dos auxílios pelo Estado Italiano à IRI. No entanto, nesse caso, o acto comunitário cujo incumprimento se faria constatar pelo TJCE seria o do acto modificativo e não o do acto modificado.

Em todo o caso, resulta do acórdão do TJCE que um auxílio entregue por intermédio de uma empresa pública a um beneficiário se considera reembolsado ao Estado quando devolvido pelo beneficiário à empresa pública intermediária. Esta solução parece consubstanciar, salvo melhor opinião, o princípio do TJCE na matéria.

---

[218] No momento em que o auxílio deveria ser reembolsado, a Alfa Romeo havia sido vendida pela Finmeccanica ao grupo Fiat, verificando-se que o benefício ilegal, consubstanciado pelos auxílios condenados, se concretizara não em favor da Alfa Romeo, ou mesmo da Fiat, mas da Finmeccanica, que dessa forma obteve um preço mais aliciante na venda da sua participada.

[219] Citada pelo Advogado-Geral Jacobs, Conclusões, ponto 10, acórdão *Comissão c. Itália*, cit.

[220] Artigos 164º e 219º CE.

Com efeito, igualmente em 4 de Abril de 1995, o TJCE proferiu o acórdão *Lanerossi*[221], pronunciando-se em termos idênticos.

Para além da Comissão, também as jurisdições nacionais têm este poder de impor a recuperação dos auxílios públicos ilegais. No entanto, porque no estado actual do Direito comunitário, o poder de verificar a incompatibilidade do auxílio nos termos do artigo 87° CE é exclusivo da Comissão[222], o fundamento para a sua recuperação é a violação da última frase do terceiro parágrafo do número 3 do artigo 88° CE, considerada directamente aplicável pelo TJCE.

Isto significa, em primeiro lugar, que as jurisdições nacionais são competentes para tutelar os direitos que decorrem para os particulares da aplicabilidade directa da última frase do n° 3 do artigo 88° CE declarando a ilegalidade formal do auxílio e ordenando a sua recuperação ou, quando seja o caso, medidas provisórias[223].

Decorrem diversas consequências desta conformação da competência da jurisdição nacional.

A pedido dos interessados, designadamente os concorrentes do beneficiário, os Tribunais nacionais devem, quando confrontados com um auxílio formalmente ilegal, por violação do artigo 88° n° 3 CE, impedir a concessão efectiva do auxílio.

Quando esta situação não seja possível, porque extemporânea e, consequentemente, ineficaz, o Tribunal nacional é competente para considerar o auxílio ilegal e impor a sua recuperação.

Finalmente, a demanda dos concorrentes do beneficiário, ou dos seus credores lesados por uma situação de reembolso de auxílio ilegal, os Tribunais nacionais são competentes para conhecer de acções em responsabilidade contra o Estado-membro, por violação do Direito comunitário[224].

---

[221] *Comissão c. Itália*, acórdão de 4 de Abril de 1995, P 350/93.

[222] *Saumon*, acórdão de de 21 de Novembro de 1991, P 354/90 , cit.

[223] HAZARD, Isabelle, "Pouvoirs respectifs de la Comissão et des Juridictions nationales: Arrêts récents en matière de procédure applicable aux aides d'états", in RMC, n° 365, 1993; *Saumon*, acórdão de 21 de Novembro de 1991, P C-354/90, Rec 1991; *Boussac*, acórdão de 14 de Fevereiro de 1990, P C-301/87, Rec 1990, cit.

[224] HANCHER, L., OTTERVANGER T., Slot, P. J., *EC State Aids*, European Practice Library, Chancery Law Publishing, Chichester, 1993, p. 255; *Saumon,* acórdão de

A *Eficácia Interna do Direito Comunitário* 103

Do exposto resulta que a bizarra jurisprudência *Capolongo*[225] se deverá considerar ultrapassada. Com efeito, em *Capolongo* o TJCE pronunciou-se pela aplicabilidade directa do nº 1 do artigo 87º CE, em termos inconsistentes com a sua jurisprudência na matéria, na medida em que admitiu a sua invocabilidade perante a jurisdição nacional apenas por via de actos derivados de execução.

Ora a jurisprudência citada[226], quando reconhece aos particulares o direito de invocar perante um juiz nacional o artigo 88º nº 3, CE última frase e assina ao juiz nacional os poderes referidos para a tutela da legalidade comunitária decorrente da sua aplicabilidade directa implica, como salientam Hancher, Ottervanger e Slot[227], a invocação também dos conceitos inerentes ao artigo 87º nº 1 CE.

De facto, a única forma de averiguar se determinada medida estadual consubstancia um auxílio público, para efeitos de lhe subsumir o dever de notificação e a cláusula de *stand still* estabelecidos no artigo 88º nº 3 CE, é por recurso ao conceito de auxílio público decorrente do artigo 87º nº 1 CE, tal como interpretado pela jurisprudência do TJCE.

Esta *invocabilidade* traduz, de acordo com alguma doutrina[228], a própria essência da aplicabilidade directa.

Os Tribunais nacionais são ainda competentes para conhecer dos litígios respeitantes aos actos nacionais de execução das Decisões negativas dirigidas aos Estados-membros que imponham a recuperação.

A obrigação de recuperação carece de acto nacional de execução. Este acto poderá ser susceptível de impugnação judicial, perante as jurisdições nacionais, segundo as regras estabelecidas pelo Direito interno de forma que não sejam afectados o alcance e eficácia do

---

21 de Novembro de 1991, P C-354/90, Rec 1991, p.; *Francovich,* acórdão de 19 de Novembro de 1991, P 6 & 9/90, Rec 1991, p. 5403.

225 *Capolongo,* acórdão de 19 de Junho de 1973, P 77/72, Rec 1973, p. 611.

226 *Saumon,* acórdão de 21 de Novembro de 1991, P C-354/90, Rec 1991; *Boussac,* acórdão de 14 de Fevereiro de 1990, P C-301/87, Rec 1990, cit.

227 HANCHER, L., OTTERVANGER T., Slot, P. J., *EC State Aids*, European Practice Library, Chancery Law Publishing, Chichester, 1993, p. 255.

228 MOTA DE CAMPOS, João, *Direito comunitário*, Volume II, *O ordenamento Jurídico*, 4ª Edição, Fundação Calouste Gulbenkian, Lisboa, 1994.

Direito comunitário[229] e não torne praticamente impossível a recuperação por este exigida[230]. As regras de Direito interno devem ser aplicadas de uma forma não discriminatória, relativamente a litígios idênticos de natureza puramente interna[231]

O estado actual do Direito comunitário admite poucos ou nenhuns meios de defesa, o que de alguma forma esvazia de conteúdo a intervenção da jurisdição nacional nesta matéria, pelo menos no que respeita à tutela dos interesses dos particulares.

Com efeito, como verificamos *supra*, aos particulares que não tenham impugnado em anulação a Decisão que impõe a obrigação de recuperação não é possível invocar, perante a jurisdição nacional a ilegalidade do acto comunitário[232].

Por outro lado, a jurisprudência do TJCE no que respeita à admissibilidade do princípio da confiança legítima é extremamente limitativa senão mesmo claramente proibitiva.

Esta quase impossibilidade de reagir contra a obrigação de devolver o auxílio alegadamente ilegal leva-nos a afirmar que a protecção jurisdicional dispensada aos beneficiários de auxílio públicos é manifestamente insuficiente.

Aos beneficiários de auxílios reembolsados, que por alguma razão considerem essa obrigação contrária à legalidade comunitária apenas parece restar, quanto a nós, a possibilidade de agir em responsabilidade, seja no quadro do Direito interno, seja no quadro do Direito comunitário. Esta situação, no entanto, ao que sabemos, ainda não foi suscitada perante o TJCE.

---

[229] *Deutsch Milkontor*, acórdão de 21 de Setembro de 1993, P 205 a 215/82, Rec 1993, p. 2633.

[230] *Tubmeuse*, acórdão de 21 de Março de 1990, P C-142/87, Rec 1990, p. 959.

[231] *Deutsch Milkontor*, acórdão de 21 de Setembro de 1993, P 205 a 215/82, Rec 1993, p. 2633.

[232] *TWD I*, acórdão de 9 de Março de 1994, P C-188/92, Rec 1994, p. I – 846.

A Eficácia Interna do Direito Comunitário

Secção 4. **O CONTENCIOSO DA RESPONSABILIDADE**

4.1 **Apresentação do problema. A jurisprudência Francovich e *Faccini Dori***

A questão da responsabilidade do Estado pelo incumprimento do Direito comunitário colocou-se pela primeira vez perante o TJCE em 1975, no processo *Russo c. Aima*[233]. Estava em causa uma questão prejudicial colocada por um juiz italiano, encarregado de dirimir um litígio opondo um produtor de trigo e a administração italiana, tendo em vista a reparação de danos patrimoniais provocados pelo organismo de intervenção agrícola.

A resposta do TJCE, pese embora a remissão para o direito interno relativo à responsabilidade do Estado, parece apontar no sentido de considerar que o Direito comunitário investe os particulares no direito à reparação sempre que os seus direitos sejam prejudicados por um comportamento estadual ilegal face ao Direito comunitário.

Apenas em 1991 o Tribunal viria a pronunciar-se em termos explícitos, mas não necessariamente claros, sobre o problema da responsabilidade do Estado[234], a propósito de um litígio sobre uma Directiva do Conselho, de Outubro de 1980, relativa à protecção dos trabalhadores assalariados em caso de insolvência da entidade patronal[235].

Nos termos da Directiva, os Estados-membros devem tomar medidas no sentido de assegurar, em caso de insolvência da entidade patronal, o pagamento dos créditos em dívida aos trabalhadores, desde que resultantes dos contratos de trabalho ou de relações laborais e incidentes sobre as remunerações.

---

[233] *Russo*, acórdão de 22 de Janeiro de 1976, P 60/75, Rec 1976, p. 45.

[234] *Francovich*, acórdão de 19 de Novembro de 1991, P C-6 & 9/90, Rec 1991, p.

[235] Directiva 80/987/CEE, de 20 de Outubro de 1980.

106   *O Juiz Nacional e o Direito Comunitário*

Esta Directiva deveria ter sido transposta no prazo de 36 meses. A república italiana não o fez, tendo-lhe sido instaurada acção por incumprimento[236], que foi julgada procedente pelo TJCE.

Credores da sua entidade patronal, Andrea Francovich e Danila Bonifaci, impossibilitados de realizar o seu direito, em virtude da falta de transposição da Directiva, intentaram junto dos Tribunais italianos uma acção contra a República italiana tendo em vista a sua condenação no pagamento das respectivas dívidas.

O juiz de instância colocou, a propósito, três questões prejudiciais, a primeira das quais no sentido de saber se os particulares lesados pela falta de transposição de uma Directiva podem invocar as suas disposições directamente aplicáveis para pedir a sua aplicação pelo Estado-membro e reclamar os prejuízos sofridos pela falta de transposição das suas disposições não directamente aplicáveis.

A resposta do TJCE à primeira questão estruturou-se em duas fases, a primeira, que analisou a aplicabilidade directa das normas da Directiva e a segunda, que analisou a questão da responsabilidade do Estado.

Da leitura do dispositivo, o Tribunal concluiu que existiam três normas pertinentes na Directiva, cuja aplicabilidade directa convinha averiguar. Fê-lo à luz da jurisprudência assente nesta matéria[237], analisando a questão em três vertentes: a identidade do credor, o conteúdo do direito e a identidade do devedor.

Se quanto aos dois primeiros elementos, o TJCE não teve quaisquer dúvidas em considerar as normas que os determinam suficientemente claras e incondicionais e, consequentemente, directamente aplicáveis. Já quanto ao terceiro elemento, considerou que a margem de manobra prevista no artigo 5º da Directiva, relativamente à organi-

---

[236] *Comissão c. Itália*, acórdão de 2 de Fevereiro de 1989, P 22/87, Rec 1989, p. 163.

[237] *Van Duyn*, acórdão de 4 de Dezembro de 1974, P 41/74, Rec 1974, p. 1337; *Ratti*, acórdão de 5 de Abril de 1979, P 148/78, Rec 1979, p. 1629; *Becker*, acórdão de 19 de Janeiro de 1982, P 8/81, Rec 1982, p. 53; *Johnston*, acórdão de 15 de Maio de 1986, P 222/84, Rec 1986, p. 1651; *Foster*, acórdão de 12 de Julho de 1990, P C-188/89, Rec 1990, p. I-3313.

zação, funcionamento e financiamento da instituição de garantia era suficiente para não permitir uma identificação do devedor.

Assim sendo, as normas da Directiva não poderiam ser invocadas em acção de pagamento contra o Estado-membro, pela incerteza quanto ao devedor da prestação.

Verificada esta impossibilidade, o TJCE analisou a questão da responsabilidade do Estado, concluindo que neste caso, acção em responsabilidade, não se torna necessário conhecer o devedor. Na realidade, na acção em responsabilidade torna-se indispensável sim conhecer o autor do facto ilícito gerador do dano; ora, o facto ilícito gerador do prejuízo era a falta de transposição da Directiva e naturalmente que o seu autor era a República Italiana.

Em sede de acção em responsabilidade, ao contrário da acção em pagamento, apenas são necessárias duas normas directamente aplicáveis: a que identifica o lesado e a que identifica o prejuízo, o que se verificava na Directiva em causa, pelo que o Tribunal concluiu pela existência da responsabilidade do Estado, com a consequente obrigação de indemnizar.

Desta forma, pese embora as limitações decorrentes do circunstancialismo próprio do acórdão *Francovich*[238], há que tomar em devida conta a afirmação fundamental incluída no considerando 35: *"(...) o princípio da responsabilidade do Estado pelos danos causados aos particulares pelas violações do Direito comunitário que lhe são imputáveis é inerente ao sistema do tratado"*.

A questão da responsabilidade do Estado encontra-se actualmente em franca evolução na jurisprudência do Tribunal de Justiça e desenvolve-se, desde 1996, em duas vertentes paralelas: a responsabilidade pela falta ou incorrecta transposição de Directivas e outras violações do Direito comunitário.

A primeira vertente, relativamente às Directivas, teve como primeira sequela o acórdão *Wagner Miret*[239] e desenvolveu-se com

---

[238] BARAV, Ami, "Omnipotent Courts", cit.
[239] *Wagner Miret* acórdão de 16 de Dezembro de 1993, P C-334/92.

Faccini Dori[240], *El Corte Inglés*[241], *British Telecom*[242], *Dillenkofer*[243], *Denkavit*[244] e *Sutton*[245].

A segunda vertente iniciou-se com *Brasserie du pêcheur/Factortame*[246] e desenvolveu-se com *Hedley Lomas*[247] e as duas vertentes como que se reuniram, parcialmente, a partir de *British Telecom* e, mais concretamente, de *Dillenkofer* e subsequentemente *Bonifaci*[248], *Palmisani*[249], *Maso*[250], *Norbrook I*[251], *Norbrook II*[252], *Kapasakalis*[253], *GT-Link*[254] e *Brinkmann*[255].

Assim sendo, o regime comunitário da responsabilidade do Estado após *Francovich* deve analisar-se nas duas vertentes referidas em primeiro lugar[256] e na reunião operada em segundo lugar, após o que se impõe uma referência à jurisprudência do Tribunal de Justiça sobre o conteúdo da obrigação de indemnização.

---

[240] *Faccini Dori*, acórdão de 14 de Junho de 1994, P 91/92, Rec 1994, p. I--1881.

[241] *El Corte Inglés*, acórdão de 7 de Março de 1996, P C-192/94.

[242] *Britsih Telecommunications*, acórdão de 26 de Março de 1996, P C-392/93.

[243] *Erich Dillenkofer e. a. (Agences de voyages)*, acórdão de 8 de Outubro de 1996, P C 178/64, C-179/94, C 188/94 e C 190/94, Rec 1996.

[244] *Denkavit International*, acórdão de 17 de Outubro de 1996, P C-283/94, C-291/94 & C-292/94, Rec 1996.

[245] *Sutton*, acórdão de 27 de Abril de 1997, P C-66/95, ainda não publicado.

[246] *Brasserie du Pêcheur/Factortame*, acórdão de 5 de Março de 1996, P C-46/93 & C-48/93, conclusões de 28 de Novembro de 1995.

[247] *Lomas*, acórdão de 23 de Maio de 1996, P C-5/94, Rec 1996, p 2604.

[248] *Bonifaci*, acórdão de 10 de Julho de 1997, P C-94 & 95/95.

[249] *Palmisani c. INPS*, P C 261/95.

[250] *Maso c. INPS*, P C-373/95.

[251] *Norbrook Laboratories c. MAFF*, P C-127/95, acórdão de 2 de Abril de 1998.

[252] *Norbrook Laboratories c MAFF*, P C-29/96.

[253] *Kapasakalis e o. c Grécia*, P apensos C-225 a 227/95.

[254] *GT-Link A/S c Danske Statsbaner DSB*, P C-242/95.

[255] *Brinkmann Tabakfabriken c Skatteministeriet* P C-319/96.

[256] Atendendo à sua relevância, considera-se pertinente uma análise detalhada das Conclusões Tesauro nos processos apensos *Brasserie du pêcheur/Factortame*.

A *Eficácia Interna do Direito Comunitário* 109

O primeiro avanço significativo no estabelecimento do regime da responsabilidade do Estado pela violação do Direito comunitário após *Francovich* foi com *Faccini Dori*[257]. Estava em causa um reenvio prejudicial colocado pelo *Giudice conciliatore di Firenze*, num litígio opondo a senhora *Faccini Dori* à *Recreb*, relativo à interpretação da directiva 85/577/CEE.

Em Janeiro de 1989 a senhora Faccini Dori celebrou um contrato de compra e venda de um curso de inglês com uma empresa italiana, Interdifusione, que entretanto cedeu a sua posição contratual à Recreb.

O contrato foi celebrado fora do estabelecimento comercial do vendedor.

Invocando os seus direitos fundados na directiva 85/577/CEE, a senhora Faccini Dori pretendeu resolver este contrato.

A Recreb, entretanto, não só não aceitou a resolução operada pela compradora, como lhe exigiu, em Tribunal, o pagamento dos valores decorrentes da execução do contrato.

A directiva em causa não havia sido transposta e o prazo de transposição já havia decorrido.

Perante estas circunstâncias, o juiz italiano considerou necessário colocar uma questão prejudicial no sentido de indagar se a directiva em causa era susceptível de produzir efeitos nas relações entre os particulares e os Estados-membros e nas relações entre particulares.

Como habitualmente, o TJCE analisou as normas pertinentes da directiva em questão, pretendendo averiguar da sua precisão e incondicionalidade; concluíu favoravelmente.

Uma vez verificados os requisitos estabelecidos para a aplicabilidade directa das normas em causa, o TJCE procedeu à análise da segunda parte da questão prejudicial, ou seja, a aptidão das normas em causa para produzir efeitos nas relações entre os particulares e os Estados-membros e entre particulares.

---

[257] O acórdão *Wagner Miret* pouco adicionou à jurisprudência *Francovich*, tanto mais que o acto comunitário em causa era precisamente o mesmo.

Quanto à invocabilidade das normas em causa em litígios entre particulares, o TJCE, fazendo apelo à sua jurisprudência *Marshall*[258], conclui pela sua inaplicação.

No entanto, de acordo com a jurisprudência *Colson et Kaman*[259] e *Marleasing*[260], o juiz nacional deverá aplicar o seu direito nacional interpretando-o, na medida do possível, à luz da directiva.

Alternativamente a esta solução, quando não seja possível a interpretação conforme, o TJCE relembrou a sua jurisprudência *Francovich*[261].

E fê-lo em termos que não deixam dúvidas.

Segundo o TJCE, será possível responsabilizar o Estado pela falta de transposição de uma directiva sempre que estejam reunidas três condições: que a directiva em causa tenha como objectivo criar direitos a favor dos particulares, que o conteúdo desses direitos seja identificado com base nas próprias disposições da directiva[262] e exista um nexo de causalidade entre o prejuízo sofrido e a violação da obrigação de transposição.

Da jurisprudência *Faccini Dori* resulta, quanto a nós, a clarificação jurisprudencial da querela doutrinal sobre os pressupostos da responsabilidade do Estado por violação do direito comunitário.

Com efeito, vários autores retiraram de *Francovich* o princípio da responsabilidade do estado pela violação do direito comunitário que não é directamente aplicável.

Esta ilação parece-nos demasiado generosa para os precisos termos em que *Francovich* foi formulado e, no nosso entender, o TJCE veio, com *Faccini Dori*[263], e *Wagner Miret*[264] clarificar a situação.

---

[258] *Marshall*, acórdão de 26 de Fevereiro de 1986, P 152/84.

[259] *Von Colson et Kamann*, acórdão de 10 de Abril de 1984, P 14/83.

[260] *Marleasing*, acórdão de 13 de Novembro de 1990, P C-106/89.

[261] *Francovich*, acórdão de 19 de Novembro de 1991, P 6 & 9/90.

[262] O que significa que terão que resultar de normas precisas e incondicionadas.

[263] *Faccini Dori*, acórdão de 14 de Junho de 1994, P 91/92, Rec 1994, p. I-1881.

[264] *Wagner Miret* acórdão de 16 de Dezembro de 1993, P C-334/92, Rec 1993, p. I-6911.

A Eficácia Interna do Direito Comunitário 111

É que a responsabilidade do Estado decorre da violação da obrigação de transposição de uma directiva, mas não de qualquer directiva.

Apenas das directivas que visem criar direitos a favor dos particulares e que determinem o conteúdo desses direitos.

Por outras palavras, directivas que, não fora a horizontalidade das relações nas quais se pretende exercer o direito, seriam aptas a produzir efeitos.

Pense-se apenas qual teria sido a resposta do TJCE em *Faccini Dori*, se a empresa com quem a senhora *Faccini Dori* se encontrava em litígio fosse uma empresa pública. Certamente que o Tribunal determinaria a produção de efeitos da directiva, aplicando-se o seu normativo à relação controvertida, não existindo, nesse caso, lugar à responsabilidade do Estado.

Esta análise restrictiva de *Francovich* não é normalmente aceite por alguma doutrina[265], sendo certo que a jurisprudência recente nesta matéria parece finalmente ter auxiliado a clarificar a questão.

O primeiro passo neste sentido resultou das conclusões Tesauro nos processos apensos C-46/93[266] e C-48/93[267], processos apensos C-178/64, C-179/94, C-188/94 e C-190/94[268] e processo C-392/93[269].

4.2 A responsabilidade do Estado após *Francovich*

As conclusões dos processos C-46/93 e C-48/93, relativas aos processos apensos *Brasserie du Pêcheur* e *Factortame*, são de alguma

---

[265] A este respeito, BARAV, Ami, Nota ao acórdão *Francovich*, in La Semaine Juridique, 8 de Janeiro de 1992.

[266] *Brasserie du Pêcheur* acórdão de 5 de Março de 1996, P C-46/93, conclusões de 28 de Novembro de 1995.

[267] *Factortame III,* acórdão de 5 de Março de 1996, P C-48/93, Rec 1996, p. I 1029, conclusões de 28 de Novembro de 1995.

[268] *Erich Dillenkofer e. o. (Agences de voyages)*, acórdão de 8 de Outubro de 1996, P C-178/64, C-179/94, C-188/94 e C-190/94, conclusões de 28 de Novembro de 1995, ainda não publicado.

[269] *British Telecommunications plc*, acórdão de 26 de Março de 1996, P C-392/93 Rec 1996, p. I 1631, conclusões de 28 de Novembro de 1995.

forma o escrito de referência para as várias conclusões prestadas pelo advogado geral Tesauro nesse dia.

Em todos os processos referidos é questionada a responsabilidade do estado pela violação do direito comunitário, sendo certo que as questões de facto e, principalmente, as questões de direito envolvidas são algo diferentes.

Em *Brasserie du Pêcheur* está em causa uma omissão legislativa da República Federal, em violação do artigo 28° CE. Este incumprimento foi previamente constatado pelo TJCE, em acção por incumprimento[270].

Em *Factortame III* está em causa uma acção legislativa do Reino Unido, em violação do artigo 43° CE. Este incumprimento foi previamente constatado pelo TJCE, em acção por incumprimento[271].

Nos processos apensos *Agences de voyages*[272] está em causa a falta de transposição de uma directiva pela República Federal.

Em *British Telecom* a questão que se coloca é a incorrecta transposição de uma directiva pelo Reino Unido.

Impõe-se uma exposição, ainda que sucinta, dos factos pertinentes em cada um dos processos.

a) Brasserie du Pêcheur

A *Brasserie du Pêcheur* é uma fábrica francesa de cerveja, que exportou os seus produtos para a República Federal, através de um importador exclusivo até 1981, data em que o acordo de distribuição exclusiva cessou a sua vigência, por desinteresse do distribuidor na sua renovação.

O desinteresse do distribuidor teve por base uma série de dificuldades levantadas pelas autoridades alemãs, junto de si e dos seus

---

[270] *Comissão c. RFA*, acórdão de 12 de Março de 1987, P 178/84, Rec 1987, p. 1227.

[271] *Comissão c. Reino Unido*, acórdão de 14 de Outubro de 1991, P C-246/89, Rec 1991, p. I-4585.

[272] *Erich Dillenkofer e. a. (Agences de voyages)*, acórdão de 8 de Outubro de 1996, P C-178/64, C-179/94, C-188/94 e C-190/94, Rec 1996.

A Eficácia Interna do Direito Comunitário   113

clientes, em aplicação da chamada lei da pureza da cerveja[273], que interditaria a comercialização, com a designação de cerveja, dos produtos exportados pela *Brasserie du Pêcheur*.

A lei da pureza da cerveja foi considerada incompatível com o artigo 28° CE por acórdão do TJCE de 12 de Março de 1987[274].

Após o acórdão de 12 de Março de 1987, a *Brasserie du Pêcheur* intentou, perante o tribunal alemão competente, uma acção tendente a efectivar a responsabilidade da República Federal pelos danos sofridos entre 1981 e 1987 em consequência da violação do artigo 28° CE.

A jurisdição de reenvio, o Bundesgerichsthof considerou que o que estava na realidade em causa no processo seria uma violação cometida por omissão, tendo em vista a data da lei da pureza da cerveja, anterior à adesão às Comunidades.

Além disso, de acordo com o sistema alemão de responsabilidade do Estado, artigo 839° do BGB e 34° da Constituição da República Federal, existe responsabilidade do estado quando seja violada uma obrigação legal que incumba ao Estado em favor de um terceiro.

Na realidade, o lesado pelo comportamento do estado tem que ser directamente afectado pela violação da obrigação geradora da responsabilidade. Ora, esta relação imediata que deve existir entre o lesado e o facto ilícito afasta, regra geral, a responsabilidade do estado pela sua actividade legislativa.

Desta forma, a jurisdição de reenvio colocou quatro questões prejudiciais, pretendendo saber se o princípio da responsabilidade do estado pela violação do direito comunitário se aplica quando essa violação consiste numa omissão legislativa e, no caso afirmativo, qual o conteúdo da obrigação de indemnização.

---

[273] Lei de 14 de Março de 1952, BGBI.
[274] *Comissão c. RFA*, acórdão de 12 de Março de 1987, P 178/84, Rec 1987, p. 1227.

b) *Factortame III*

A situação subjacente ao processo *Factortame III* foi descrita *supra*. Tratava-se, recorde-se, da aplicação do *Merchant Shipping Act* de 1988, no que respeitava às condições de matrícula de barcos pesca.

Esta lei do Parlamento britânico provocou, até ao momento, três reenvios prejudiciais e uma acção em constatação por incumprimento[275].

O primeiro reenvio prejudicial teve em vista averiguar do poder de outorga de medidas provisórias contra actos legislativos nacionais alegadamente contrários ao direito comunitário[276], o segundo teve em vista aferir da compatibilidade do direito comunitário[277] com algumas disposições do acto legislativo referido[278] e o terceiro, tem em vista averiguar das condições de responsabilidade do Estado por violação do direito comunitário.

A acção por incumprimento teve em vista a constatação da incompatibilidade do direito comunitário com algumas disposições do regime em causa.

No âmbito do processo judicial interno que determinou os dois reenvios prejudiciais anteriores foi, na sequência do acórdão *Factortame II*[279], ordenado pelo juiz de instância a matrícula das embarcações de pesca propriedade dos requerentes, que foram simultaneamente convidados a formular os seus pedidos de indemnização contra a Coroa Britânica.

Em consequência, as partes no processo em causa formularam os seus pedidos de indemnização, com diversos fundamentos, mas que pelo essencial incluíam danos emergentes e lucros cessantes durante o período entre 1989 e 1991.

---

[275] *Comissão c. Reino Unido*, acórdão de 14 de Outubro de 1991, P C-246/89, Rec 1991, p. I-4585.

[276] *Factortame*, acórdão de 19 de Junho de 1990, P C-213/89, Rec 1990, p. I-2433.

[277] Artigo 7°, 52° e 221° CE.

[278] *Factortame II*, acórdão de 25 de Julho de 1991, P C-221/89, Rec 1991, p. I-3905.

[279] Idem.

A responsabilidade do estado em direito britânico é normalmente aceite pela jurisprudência, que trata esta questão com um certo paralelismo com a responsabilidade civil, principalmente no que respeita aos factos geradores da obrigação de indemnizar.

Perante este quadro, considerando que nos termos da jurisprudência britânica sobre a responsabilidade do estado a questão da violação do direito comunitário não teria enquadramento, logo devendo improceder os pedidos indemnizatórios, o juiz *a quo* entendeu por bem colocar uma questão prejudicial no sentido de saber, perante as circunstâncias concretas do processo, se o direito comunitário confere aos proprietários das embarcações de pesca, partes no litígio que lhe fora submetido, um direito à reparação e, no caso afirmativo, qual o conteúdo exacto da obrigação de indemnizar.

c) *Agences de voyages (Dillenkofer)*

A Directiva 90/341/CEE do Conselho, de 13 de Junho de 1990 obriga os Estados-membros a impôr aos operadores turísticos a manutenção de um sistema de garantia suficiente para, no caso da sua falência ou insolvência, reembolsarem ou repatriarem os seus clientes.

A directiva deveria ter sido transposta até 31 de Dezembro de 1992, o que não aconteceu. Na realidade, a República Federal fê-lo apenas em Junho de 1994.

Os requerentes nos processos principais eram todos clientes de dois operadores turísticos alemães, a MP Travel Line International e a Flórida Travel Service, a quem haviam comprado viagens. As empresas em questão faliram entre o momento em que os consumidores adquiriram as viagens e o momento em estas se deveriam realizar, em alguns casos e o termo das viagens noutros casos.

Os primeiros nunca receberam a sua prestação contratual nem foram reembolsados pelos montantes liquidados. Os segundo tiveram que regressar de férias a expensas próprias, não tendo sido reembolsados dos montantes dispendidos.

Os factos ocorreram no primeiro semestre de 1993, momento em que a directiva ainda não havia sido transposta, mas o seu prazo de transposição havia terminado.

Perante esta situação, os consumidores lesados intentaram acção em responsabilidade contra a República Federal, demandando indemnizações correspondentes aos valores que deveriam ter sido reembolsados.

A responsabilidade do estado na República Federal, é regulada pelo artigo 34º da Constituição e pelo artigo 839º de BGB e, de acordo com a jurisdição *a quo*, não consagra qualquer solução para os pedidos em causa.

Desta forma, a jurisdição nacional colocou um reenvio prejudicial, composto por doze questões, pretendendo, pelo essencial, averiguar da existência de responsabilidade do estado pela falta de transposição da directiva em causa.

Entre as diversas questões colocadas sobressaem, entretanto, algumas delas: a existência ou conteúdo da responsabilidade do estado quando os danos provocados tenham sido de alguma forma agravados pela negligência do lesado, a caracterização da violação geradora da responsabilidade do estado e a necessidade de prévia constatação do incumprimento.

d) *British Telecommunications*

O processo *British Telecom* é, sem dúvida, o mais complexo de todos os analisados pelo advogado-geral Tesauro.

Em causa está, como ponto prévio à questão da responsabilidade do estado, a interpretação da directiva 90/531/CEE do Conselho de 17 de Novembro de 1990, relativa aos processos de aquisição nas empresas dos sectores de água, energia, transportes e telecomunicações, nomeadamente a interpretação do seu artigo 8º e a sua compatibilidade com o acto normativo de transposição.

Configura-se, de acordo com o juiz *a quo*, a possibilidade de uma transposição incorrecta e, nessa medida, pretende-se averiguar da existência de uma obrigação de indemnizar os danos sofridos pelos particulares em razão dessa violação do direito comunitário.

A *British Telecom* é uma sociedade anónima constituída pelo *British Telecommunications Act 1984*, que alterou o seu estatuto originariamente estabelecido pelo *British Telecommunications Act 1981.* O acto de 1981 desmantelou o monopólio do sistema de telecomunicações britânico que vigorava até então, entregue ao *Post Office.* Actualmente a *British Telecommunications* é uma empresa de capitais privados, na medida em que desde 1993 não existe qualquer participação estatal no seu capital.

Nos termos do acto de 1984, qualquer operador pretendendo instalar-se no Reino Unido para gerir um sistema de telecomunicações é obrigado a obter uma licença que enumerará exaustivamente as operações licenciadas. No mesmo acto foi instituída uma licença a favor da *British Telecommunications* para a actuar como operador público de telecomunicações em todo o território do Reino Unido, mas com limitações no território concessionado à *Hull.*

A estas limitações acrescem algumas obrigações específicas, entre as quais merece destaque o dever de proporcionar serviços de telefonia vocal a qualquer consumidor que os solicite, independentemente da rentabilidade do serviço e a limitação dos preços do serviço prestado.

Desde a abertura do mercado em 1984 foram concedidas cerca de 600 licenças de operação de telecomunicações, correspondendo a 110 operadores.

O sistema fixo de telecomunicações foi durante algum tempo objecto de apenas duas licenças de operação, entregues à *British Telecom* e à *Mercury.* Esta situação terminou, entretanto, proliferando actualmente o número de operadores de redes fixas de telecomunicações.

Tendo em vista assegurar a competitividade no mercado da prestação de serviço de telefonia vocal, os diversos operadores públicos de telecomunicações são obrigados, nos termos do *British Telecommunications Act 1984,* a ceder o acesso às respectivas redes pelos sistemas dos restantes operadores.

Assim sendo, o mercado das telecomunicações no Reino Unido é um mercado concorrencial.

Sucede que, nos termos do considerando 13 da directiva 90/531/ /CEE, as suas disposições não são aplicáveis a entidades que operem nos sectores indicados quando neles se verifique a existência de um mercado concorrencial.

Esta explanação preambular conhece, entretanto, consagração normativa no artigo 8º da directiva.

O acto nacional de transposição, *Utilities Supply and Works Contracts Regulations 1992*, excepciona, em execução do artigo 8º da directiva, todos os operadores de sistemas de telecomunicações da aplicação das condições genericamente impostas pela directiva. No entanto, tanto a *British Telecommunications* como a *Hull* são expressamente destacadas da excepção, sendo-lhes aplicável todo o processo previsto na directiva e transposto pelo *Utilities Supply and Works Contracts Regulations 1992*, se bem que apenas no que respeita aos serviços básicos de telefonia vocal, serviços básicos de transmissão de dados, fornecimentos de circuitos privados e serviços marítimos.

De acordo com a *British Telecommunications* a directiva no que respeita ao seu artigo 8º foi incorrectamente transposta e, em consequência desse facto, terá sofrido prejuízos, cuja reparação reclama perante a jurisdição competente.

Perante a situação descrita, o tribunal nacional considerou necessário deferir ao TJCE diversas questões prejudiciais, tendo em vista averiguar, em primeiro lugar, a conformidade do acto nacional de transposição e, em segundo lugar, no caso de uma transposição incorrecta, se incumbe ao Estado-membro a obrigação de indemnizar os prejuízos dela decorrentes e em que condições.

e) As conclusões Tesauro

Antes de analisarmos as propostas do advogado geral Tesauro cumpre manifestar alguma surpresa, senão mesmo perplexidade, pela apensação dos processos 46/93 e 48/93. É que não se descortinam razões evidentes para esta apensação.

Com efeito, se é certo que, em última análise, está em causa nos processos principais uma única questão, a responsabilidade do estado pela violação, previamente constatada, do direito comunitário originário, é também verdade que nesta generalização se esgota a seme-lhança entre os dois processos.

A norma violada é diferente e o comportamento ilícito é também diferente. Num processo estamos perante uma violação do artigo 28º CE, no outro perante uma violação do então artigo 7º e dos artigos 43º e 294º CE; num processo estamos perante uma violação con-substanciada numa omissão legislativa, noutro uma acção legis-lativa.

Desta forma parece que, pese embora genericamente exista uma certa identidade do pedido e da causa de pedir nas acções principais, esta, quando analisada em concreto, resulta pouco evidente.

Esta situação, aliás, foi de alguma forma reconhecida pelo próprio advogado geral que nas suas conclusões deu tratamento diferenciado aos dois processos, o que nos leva a concluir que a decisão de apen-sação não terá sido de grande utilidade.

Em todo o caso, o advogado geral Tesauro utilizou as suas exten-sas, senão mesmo exaustivas conclusões nestes processos apensos como referência para as conclusões apresentadas nos restantes pro-cessos.

Após uma enumeração diferenciada dos factos relativos aos dois reenvios prejudiciais, o advogado geral analisou em primeiro lugar o fundamento e alcance do princípio da responsabilidade do estado pela violação do direito comunitário e, em segundo lugar, as condições da obrigação de indemnização decorrentes.

No que respeita ao fundamento do princípio da responsabilidade do estado por violação do direito comunitário, o advogado geral faz apelo à jurisprudência *Francovich*, de acordo com a qual a plena eficá-cia das normas comunitárias seria posta em causa e a protecção dos direitos que delas decorrem para os particulares seria enfraquecida se os particulares não pudessem obter a reparação dos seus direitos lesa-dos por uma violação do direito comunitário imputável aos Estados--membros.

Esta afirmação será particularmente agravada quando o pleno efeito das normas comunitárias esteja subordinado a uma acção esta-dual e, na sua falta, os particulares não poderem fazer valer em juízo os seus direitos.

Ainda apelando à jurisprudência do TJCE, o advogado geral recorda o acórdão *Humblet*[280], no qual o Tribunal afirmou que a obrigação decorrente do artigo 10º CE inclui o dever de eliminar as consequências ilícitas de uma violação do direito comunitário.

Desta forma, para Tesauro, com base na jurisprudência *Francovich*, a responsabilidade do estado pela violação do direito comunitário fundamenta-se no princípio do efeito útil do direito comunitário e no artigo 10º CE e tem principalmente em vista a eficácia da tutela jurisdicional dos direitos que os particulares retiram do direito comunitário.

Esta afirmação é sem dúvida pertinente, na medida em que a jurisprudência existente até ao momento[281] reporta precisamente esta preocupação.

A questão importante a resolver nos processos *Brasserie du Pêcheur* e *Factortame III* é averiguar se o princípio da responsabilidade do estado pela violação do direito comunitário se limita às situações de falta de transposição de directivas ou vai para além disso, afirmando-se como um princípio de alcance geral.

A questão concretamente proposta pelo advogado geral nesta matéria é saber se existirá também lugar à indemnização dos prejuízos causados aos particulares mesmo no caso em que o direito comunitário violado seja direito comunitário directamente aplicável.

Esta formulação assenta no pressuposto que *Francovich* estabeleceu um princípio da responsabilidade do estado pela violação de direito comunitário que não é directamente aplicável.

Ora, como pensamos ter demonstrado supra, *Francovich* terá estabelecido um princípio da responsabilidade do estado pela falta de transposição de directivas que tenham em vista a criação de direitos a favor dos particulares, quando o conteúdo desses direitos seja determinável a partir das normas da própria directiva que não foi transposta.

---

[280] *Humblet*, acórdão de 16 de Dezembro de 1960, P 6/60, Rec 1960, p. 1125.

[281] *Francovich*, acórdão de 19 de Novembro de 1991, P 6 e 9/90, Rec 1991, considerandos 38 e sgs, cit; *Faccini Dori*, acórdão de 14 de Junho de 1994, P 91/92, Rec 1994, p. I-1881, cit.; *Wagner Miret* acórdão de 16 de Dezembro de 1993, P C-334/92, Rec 1993, p. I-6911, que tinha por objecto uma incorrecta transposição da mesma directiva que deu origem ao acórdão *Francovich*.

A Eficácia Interna do Direito Comunitário   121

Recordando a jurisprudência constante do TJCE, as directivas serão invocáveis em juízo quando não tenham sido atempadamente transpostas, sejam claras precisas e incondicionadas e criem direitos a favor dos particulares.

Este é precisamente o caso das directivas em causa nos processos *Francovich*[282], *Wagner Miret*[283] e *Faccini Dori*[284].

De facto, esta parece ser a forma evidente de interpretar alguns dos considerandos do acórdão *Francovich*: "*(...) embora a responsabilidade do estado seja assim imposta pelo direito comunitário, as condições em que a mesma institui um direito à reparação dependem da natureza da violação do direito comunitário que está na origem do prejuízo causado. (...) Quando, como no caso dos autos, um Estado-membro ignora a obrigação que lhe incumbe por força do artigo 249°, terceiro parágrafo, do Tratado, de tomar todas as medidas necessárias para atingir o resultado prescrito por uma directiva, a plena eficácia dessa norma de direito comunitário impõe um direito à reparação quando estão reunidas três condições. (...) A primeira dessas condições é que o resultado prescrito pela directiva implique a **atribuição de direitos a favor dos particulares**[285]. A segunda condição é que o **conteúdo desses direitos possa ser identificado com base nas próprias disposições da directiva**[286]. Finalmente, a terceira condição é a existência de um nexo de causalidade entre a violação da obrigação que incumbe ao Estado e o prejuízo sofrido pelas pessoas lesadas.*"[287]

De acordo com os considerandos citados, verificamos que existe responsabilidade do Estado pela falta de transposição de uma directiva

---

282 *Francovich*, acórdão de 19 de Novembro de 1991, P 6 & 9/90.

283 *Wagner Miret* acórdão de 16 de Dezembro de 1993, P C-334/92.

284 *Faccini Dori*, acórdão de 14 de Julho de 1994, P 91/92.

285 Sublinhado do A.. Primeiro requisito da aplicabilidade directa, conforme a jurisprudência constante do TJCE.

286 Idem. Segundo requisito da aplicabilidade directa, conforme jurisprudência constante do TJCE. De facto, se a norma da directiva que estabelece o direito do particular não for clara, precisa e incondicionada, o conteúdo do direito não é determinado nem determinável exclusivamente a partir dela.

287 *Francovich*, acórdão de 19 de Novembro de 1991, P 6 e 9/90, Rec 1991, considerandos 38 e sgs.

quando as normas desta directiva possuem as características necessárias para serem directamente aplicadas.

Sucede é que esta aplicabilidade directa não se traduz na possibilidade de invocar a norma perante um juiz tendo em vista a tutela jurisdicional do direito subjectivo por elas estabelecido. Elas serão directamente aplicáveis no sentido de serem invocadas perante uma jurisdição nacional tendo em vista a reparação do prejuízo patrimonial decorrente da impossibilidade de tutela jurisdicional do próprio direito por elas criado.

Esta impossibilidade pode decorrer de duas situações, que correspondem, pelo essencial, às situações subjacentes aos processos *Francovich* e *Faccini Dori*: no primeiro caso, quando nem todas as normas necessárias à tutela jurisdicional do direito são susceptíveis de produzir efeito directo[288]; no segundo caso, pela ausência de efeito horizontal das normas precisas e incondicionadas[289].

Este raciocínio é de alguma forma acolhido pelo advogado geral Tesauro nas suas conclusões *Brasserie du Pêcheur/Factortame III*: *"(...) a afirmação da obrigação de indemnização, no caso de uma directiva não poder ser directamente invocável perante o órgão jurisdicional nacional, seja em razão da falta de efeito directo de todas as disposições necessárias para poder obter o gozo do direito por ela atribuído aos particulares, seja em razão da ausência de efeito directo horizontal no caso de directivas precisas e incondicionais, constitui também, por conseguinte, um meio para reforçar a posição jurídica do particular, recuperando a possibilidade de compensar, pelo menos do ponto de vista patrimonial, o desequilíbrio gerado pelo incumprimento do estado"*[290]

Desta forma, se a norma da directiva em causa não criasse um direito a favor dos particulares, ou criando-o não fosse possível determinar o seu conteúdo a partir do próprio normativo comunitário, por

---

[288] Situação correspondente a *Francovich*: uma das normas necessárias não tinha os requisitos de precisão e clareza indispensáveis à acção em pagamento.

[289] Situação correspondente a *Faccini Dori*.

[290] Conclusões Tesauro, acórdão *Brasserie du Pêcheur/Factortame III*, ponto 30.

falta de clareza ou precisão da norma ou ainda pela condicionalidade da mesma, as condições de efectivação da responsabilidade do Estado estabelecidas em *Francovich* não estariam preenchidas, logo não haveria lugar à reparação dos prejuízos sofridos, até porque seria impossível determinar a existência ou conteúdo de uma situação jurídica subjectiva digna de tutela patrimonial.

Do exposto resulta que, a nosso ver, a interrogação poderia ter sido formulada noutros termos eventualmente mais pertinentes: existirá responsabilidade do Estado pela violação do direito comunitário quando o prejuízo dos particulares decorre não da não protecção jurisdicional do seu direito subjectivo, mas da sua protecção tardia ou parcial?

A interrogação assim formulada deveria ser entretanto complementada por uma segunda interrogação.

De facto, a primeira questão por nós formulada situa-se no âmbito estrito da interpretação exposta da jurisprudência *Francovich*, o que significa o acatamento das condições da responsabilidade do Estado impostas pela jurisprudência citada, o que implica, necessariamente admitir a aplicabilidade directa das normas comunitárias em causa, sob pena da irresponsabilização do Estado.

Ora, deverá existir responsabilidade do Estado mesmo quando aquelas condições não se verificam?

Pese embora alguma eventual incorrecção do pressuposto da questão formulada pelo advogado geral, certo é que o cerne da questão por ele suscitada é comum com a primeira questão por nós colocada. Terá o direito à reparação dos prejuízos resultantes da violação do direito comunitário uma natureza subsidiária à realização do próprio direito ofendido?

Os Estados-membros intervenientes nos processos apensos *Brasserie du Pêcheur* e *Factortame III* pronunciaram-se a favor da natureza subsidiária da responsabilidade do Estado.

O problema é de extrema pertinência nos dois processos *sub judice*, na medida em que, principalmente em *Factortame III*, o direito que os requerentes retiram do direito comunitário acabou, em última análise, por ser tutelado jurisdicionalmente. Aceitar a natureza subsidiária do direito à reparação equivaleria a negar a responsabilidade do Estado nesse caso concreto, sendo certo que a violação do direito comunitário provocou, indubitavelmente, lesões patrimoniais graves na esfera jurídica dos requerentes.

O advogado geral Tesauro afastou justa e veementemente esta hipótese, apelando, designadamente, à jurisprudência *Russo*[291], *Foster*[292], *Comissão c. Itália*[293] e principalmente *Francovich*, salientando que, nesta última, o Tribunal afirmou que a protecção pecuniária se mostra *particularmente indispensável* nos casos em que não seja possível a tutela jurisdicional dos direitos dos particulares.

Ora, como aponta o advogado geral, *particularmente* não significa exclusivamente, pelo que o princípio da responsabilidade do estado deverá ser uma solução alternativa mas também adicional, enquanto protecção patrimonial, à protecção substancial devida aos particulares[294].

Para além da discussão sobre as características da norma comunitária violada, ou seja, a sua aplicabilidade directa ou não, existe outro problema importante a resolver.

É que numa grande percentagem dos casos de violação do direito comunitário pelos Estados-membros o autor da violação é o órgão legislativo.

Acontece que, na maioria dos Estados-membros da Comunidade Europeia é extremamente difícil, senão mesmo impossível, efectivar a responsabilidade do estado pela prática de actos ou omissões legislativas.

Este problema foi, aliás, suscitado pelas próprias jurisdições de reenvio, que nos casos concretos se consideraram, face ao direito nacional, impedidas de efectivar a responsabilidade do estado.

Esta impossibilidade de efectivação da responsabilização pecuniária do estado legislador é, como apontou o advogado geral, um princípio clássico.

---

[291] *Russo*, acórdão de 22 de Janeiro de 1976, P 60/75, Rec 1976, p. 45.

[292] *Foster*, acórdão de 12 de Julho de 1990, P C-188/89, Rec 1990, p. I-3313.

[293] *Comissão c. Itália*, acórdão de 5 de Junho 1986, P 103/84, Rec 1986, p. 1759.

[294] Conclusões Tesauro, acórdão *Brasserie du Pêcheur/Factortame III*, ponto 34.

A *Eficácia Interna do Direito Comunitário* 125

No entanto, para Tesauro, não pode deixar de se considerar irrelevante, do ponto de vista comunitário e atendendo à jurisprudência *Francovich*, qual o órgão do estado que comete o ilícito gerador da responsabilidade. O direito comunitário exige, em qualquer caso, é a possibilidade do lesado demandar e eventualmente obter a reparação dos danos sofridos em consequência da violação do direito comunitário.

A inexistência em direito interno de uma via de direito permitindo a efectivação da responsabilidade do estado por comportamento ilícito do legislador não é, para Tesauro, um problema de maior: *"(...) a esse propósito, por outro lado, precisa-se que o problema da determinação de um meio jurisdicional que não seja já conhecido ou admitido nos sistemas jurídicos dos Estados-membros não é insuperável nem é um problema novo. Não o é em razão dos dados específicos aqui em análise; também não o é porque já foi superado pelo Tribunal de Justiça nalgumas passagens históricas e incontestadas da sua jurisprudência."*[295].

O que o advogado geral propõe é nada menos que a criação pelo TJCE de uma nova via jurisdicional perante os tribunais nacionais, fazendo tábua rasa do princípio da autonomia institucional e processual dos Estados-membros.

É um facto que, como recorda Tesauro, o Tribunal já adoptou condutas semelhantes no passado[296]. Isso não significa, no entanto, que as decisões em causa estejam conformes ao princípio da autonomia institucional e processual e não constituam incursões do TJCE por matérias que não são, manifestamente, competências comunitárias[297].

---

[295] Conclusões Tesauro, acórdão *Brasserie du Pêcheur/Factortame III*, ponto 43.

[296] *Simmenthal*, acórdão de 9 de Março de 1978, P 106/77, Rec 1978, p. 629 e *Factortame*, acórdão de 19 de Junho de 1990, P C-213/89, Rec 1990, p. I-2433, citados nas conclusões Tesauro em análise, ponto 43.

[297] Salente-se que esta observação é determinada por critérios estritos de legalidade, sem qualquer intenção de avaliar o mério da solução proposta, que, aliás, no puro plano dos princípios e atendendo ao imperativo da tutela dos direitos dos particulares nos parece muito razoável. O certo é que, sendo a competência comunitária uma competência de atribuição, regida pelo princípio da especialidade, é nesse quadro

O próprio advogado geral admite esta desconformidade da solução proposta com o princípio da autonomia institucional e processual dos Estados-membros, mas considera-a, a par dos exemplos enunciados, como derrogações ao princípio geral, justificadas quando indispensáveis para assegurar a correcta execução do direito comunitário e uma protecção completa e efectiva dos direitos que os particulares dele retiram[298], ou seja, quando necessárias para a realização da plena eficácia do direito comunitário[299]

Este raciocínio baseia-se, aliás, em basta jurisprudência do TJCE[300] e terá sido determinante na limitação imposta aos regimes processuais nacionais em sede de mercados públicos, por via legislativa, através das Directivas 89/665/CEE e 92/13/CEE, do Conselho, respectivamente de 21 de Dezembro de 1989 e 25 de Fevereiro de 1992.

Do exposto resulta a proposta do advogado geral Tesauro para a fundamentação e alcance da responsabilidade do estado pela violação do direito comunitário. Outro problema importante suscitado pelas jurisdições de reenvio nos processos em análise são as condições da existência dessa mesma responsabilidade.

A primeira solução possível, adiantada por alguns Estados-membros intervenientes nos processos, é de, afirmando o princípio comunitário da responsabilidade do estado, entregar aos diversos direitos nacionais a tarefa de definir as condições e modalidades de forma e de fundo da responsabilidade do estado.

A primeira e talvez maior observação suscitada pelo advogado geral é a ausência de garantia da protecção plena e efectiva dos direitos dos particulares que tal solução poderia implicar.

De facto, a simples existência dos reenvios prejudiciais *sub judice* demonstra suficientemente a validade do argumento.

---

que deve analisar-se a competência de cada uma das Instituições comunitárias, sendo evidente que é dentro dos limites da competência comunitária que as Instituições devem pautar os seus actos.

[298] Conclusões Tesauro, cit., ponto 45.

[299] Idem, ponto 47.

[300] Idem, ponto 45 .

A *Eficácia Interna do Direito Comunitário* 127

Em segundo lugar, adoptar uma tal solução levaria a uma aplicação desigual do direito comunitário nos diversos Estados-membros, na medida em que a mesma violação poderia conhecer diversas soluções, proporcionando uma protecção desigual aos nacionais comunitários.

Pelos inconvenientes apontados, o advogado geral Tesauro considera indispensável uma formulação comunitária das condições e modalidades de efectivação da responsabilidade do estado.

Esta definição comunitária, no entanto, não será particularmente difícil nem é indispensável no que respeita às condições gerais da responsabilidade. Com efeito, as condições gerais da responsabilidade terão sido definidas na jurisprudência *Francovich* e pouco ou nada acrescentam às condições gerais da responsabilidade comuns às ordens jurídicas nacionais dos Estados-membros, podendo considerar-se como consensuais.

Na realidade, existirá responsabilidade e consequentemente obrigação de reparação, quando se estabeleça um nexo de causalidade entre um comportamento ilícito e um prejuízo efectivo.

O que está em causa será, outrossim, a forma e o modo como estas condições se articulam e estabelecem, bem como os critérios segundo os quais se constatará a sua verificação.

Por outras palavras, quais serão os critérios segundo os quais se determinará a situação jurídica cuja lesão poderá determinar a obrigação de reparação, ou seja, quais os critérios para determinar a existência do dano, quais os critérios para quantificar o mesmo dano e, finalmente, quais os critérios determinantes da caracterização do ilícito como gerador da obrigação de indemnizar, ou seja, quais os tipos de ilícito serão susceptíveis de gerar a responsabilidade do estado.

Para Tesauro, a jurisprudência *Francovich* é elucidativa em algumas destas questões.

De facto, em *Francovich*, o Tribunal impôs duas[301] condições para a efectivação da responsabilidade do estado. A primeira, que a

---

[301] Apesar de geralmente se afirmar que são três as condições impostas por *Francovich*, estamos de acordo com o advogado geral Tesauro quando afirma que a segunda condição mais não é que um esclarecimento ou precisão da primeira.

128   *O Juiz Nacional e o Direito Comunitário*

norma comunitária violada tenha por objectivo a atribuição de direitos a favor dos particulares e que o conteúdo desses direitos possa ser determinado a partir da interpretação do próprio direito violado. A segunda, a existência de um nexo de causalidade entre o comportamento ilegal do estado e a lesão provocada nesse direito.

A primeira condição imposta por *Francovich*, atribuição de direitos aos particulares e determinação do conteúdo desses direitos a partir do próprio direito violado, afirma Tesauro, verifica-se *mesmo* quando o direito comunitário violado é directamente aplicável. Diríamos nós que só ocorre quando o direito violado é directamente aplicável[302].

A segunda condição, por seu lado, não suscita quaisquer discussões.

Para além destas condições, como salienta Tesauro, o Tribunal dispensou-se de analisar as condições da verificação do dano e bem assim as condições de verificação da ilicitude e do comportamento. Esta dispensa terá ocorrido pela evidência de ambos na situação *sub judice*, pelo que apenas se tornaria necessária a clarificação das situações jurídicas dignas de protecção pecuniária e a afirmação da necessidade de reparação do prejuízo.

Admitimos que razoavelmente assim seja.

Esta é, aliás, uma das razões pelas quais defendemos uma certa limitação inerente aos princípios decorrentes de *Francovich*. É que na falta de definição de critérios determinantes da verificação da ocorrência do dano e da ilicitude do comportamento torna-se difícil aplicar este princípio a outras situações em que aqueles não resultem de tal forma evidentes.

Esta leitura restritiva de *Francovich* não é de forma alguma dominante na doutrina[303]. Pelo contrário, as posições normalmente adoptadas apontam para uma leitura da omissão na caracterização da ilicitude

---

[302] Abstemo-nos de voltar a discutir sobre esta questão, na medida em que se trata de argumentação amplamente explanada supra.

[303] Ao que sabemos, só o Prof. Ami Barav a defende. A este respeito, BARAV, Ami, "Sanction de la non-transposition de la directive CEE relative à l'insolvabilité de l'employeur (CJCE 19 nov. 1991, note), in *La semaine juridique, Édition générale*, 66 éme année, nº 1-2, 8 de Janeiro de 1992.

do comportamento como uma intenção implícita de apenas sancionar violações graves ou culposas, ou para uma intenção implícita de sancionar toda e qualquer violação do direito comunitário.

Apesar de, como já manifestámos, aderirmos à interpretação do Prof. Ami Barav, logo rejeitando qualquer das duas interpretações comuns, não podemos deixar de repudiar vivamente, tal como, aliás, o advogado geral Tesauro nas suas conclusões, a ideia de que o TJCE teria pretendido de forma alguma estabelecer um princípio de responsabilidade do estado por qualquer violação das suas obrigações comunitárias.

Este resultado, como afirma Tesauro, não seria *"vraiment raisonnable"*.

Os argumentos adiantados são vários, mas retenha-se principalmente o paralelismo de alguma forma traçado com a jurisprudência do TJCE no que respeita à responsabilidade extracontratual das Comunidades.

A responsabilidade extracontratual das Comunidades é, aliás, o termo de comparação utilizado pelo advogado geral para formular a sua proposta de solução que, pensamos não exagerar[304], seria, no seu entender, igualmente válida para a responsabilidade do estado pela violação do direito comunitário e para a responsabilidade comunitária.

Em primeiro lugar, a norma violada deverá atribuir ao particular um direito cujo conteúdo seja determinado e preciso[305].

Em segundo lugar, a violação deve ser grave e manifesta. Será uma violação grave e manifesta aquela que incida sobre uma norma, independentemente da sua natureza, originária ou derivada, que não entregue qualquer poder discricionário aos Estados-membros.

Pelo contrário, sempre que os Estados-membros tenham um poder discricionário, a violação não será grave e manifesta.

O critério proposto não se nos afigura equacionado da forma mais clara. Na realidade, quando o advogado geral Tesauro refere poder

---

[304] Atenda-se, especialmente, aos pontos 65, 66 e 68, em que o advogado geral Tesauro suscita críticas muitíssimo pertinentes à jurisprudência actual nesta matéria.

[305] Conclusões, ponto 77.

discricionário[306] fá-lo no sentido do enquadramento mais ou menos rígido da intervenção dos Estados-membros, da sua maior ou menor margem de apreciação das circunstâncias na execução do direito comunitário.

Tanto é assim que, mais adiante nas suas conclusões, a expressão poder discricionário é substituída pela expressão margem de apreciação[307].

Ora, o que sucede é que, como aliás constata o advogado geral, a menor margem de apreciação coincide, regra geral, com a maior clareza e precisão do direito comunitário. Neste caso, para além da caracterização da violação como suficiente para efectivar a responsabilidade do estado, temos também a possibilidade de identificar uma situação jurídica subjectiva bem como a lesão que lhe tenha sido provocada.

Por outro lado, é verdade que uma norma pouco clara e precisa pode, como afirma Tesauro, ainda assim, não deixar grande margem de apreciação aos Estados-membros. No entanto, a falta de clareza e precisão da norma violada implica a impossibilidade de determinar qual a situação jurídica subjectiva por ela tutelada e, bem assim, a eventual lesão que lhe tenha sido provocada.

Esta afirmação, quanto a nós evidente, foi de alguma forma acolhida pelo advogado geral nas suas conclusões: *"(...) posto o problema*

---

[306] O conceito de poder discricionário é algo fluído e tem conhecido diversas formulações ao longo dos tempos. Assim, poder discricionário seria uma certa liberdade de juízo sobre certos factos (Bernatzik, citado por QUEIRÓ, Afonso, *O poder discricionário da administração*, Tese de doutoramento em Ciências Político-Económicas, Coimbra Editora, 1944, p. 46) ou, de acordo com a jurisprudência dos interesses, como uma "margem de liberdade na escolha da medida ou dos efeitos jurídicos a adoptar com base nos pressupostos fixados na lei" (Idem, *op. cit.*), ou como uma liberdade de escolha do agente entre os diversos comportamentos possíveis – liberdade de meios e de circunstâncias –, como uma forma de interpretação, como uma forma de integração de lacunas, (CAETANO, Marcello, *Manual de Direito Administrativo*, Vol I, 10ª Edição, Reimpressão de 1980, Almedina, Coimbra, 1980, p. 213), ou ainda quando a conduta do agente, perante situações de facto determinadas, não é previamente imposta por lei (LAUBADÈRE, André de *Traité de Droit Administratif*, Tome I, 9ª Edição, LGDL, Paris, 1984, p. 285).

[307] Conclusões Tesauro, ponto 79, último parágrafo.

nestes termos, deve reconhecer-se que a responsabilidade do estado existe, em princípio, sempre que o mesmo esteja vinculado, com base no direito comunitário, a uma obrigação precisa de resultado. (...) Mas é também este o caso de todas as normas, mesmo as do tratado, que se limitam a impor aos Estados-membros obrigações precisas e bem individualizadas de não fazer (basta pensar na proibição de instituir novos direitos aduaneiros, tal como afirmada pelo artigo 25° do tratado e, mais em geral, em todas as cláusulas de stand still) e das quais, ao mesmo tempo, deriva um direito para o particular ".[308]

Ou seja, existirá uma violação grave e manifesta quando a norma violada seja directamente aplicável.

Quanto à responsabilidade do estado pela violação de uma norma pouco clara ou imprecisa, por outras palavras, norma que não seja directamente aplicável, o advogado geral considera que apenas existirá uma violação grave do direito comunitário quando essa norma tenha sido objecto de interpretação pelo TJCE, em sede de reenvio prejudicial ou em sede de constatação de incumprimento.

Finalmente, existirá também uma violação grave e manifesta quando exista erro manifesto de interpretação das disposições comunitárias em causa.

Deixamos, por agora, a análise da segunda forma de violação grave e manifesta, para discutir a terceira situação.

Se a norma violada for clara e precisa, parece evidente que não se torna necessário recorrer a esta categoria residual. Enquadra-se automaticamente na primeira hipótese.

Assim sendo, o erro manifesto de interpretação será eventualmente relevante apenas para a segunda categoria de violação, a que incide sobre normas pouco claras e imprecisas, que não tenham sido ainda clarificadas por via jurisdicional. E mesmo aqui temos algumas dúvidas.

As conclusões Tesauro no processo *British Telecommunications*[309] comprovam claramente esta afirmação: uma vez que a norma

---

[308] Idem, ponto 80.

[309] *Britsih Telecommunications*, acórdão de 26 de Março de 1996, P C-392/93, conclusões Tesauro, ponto 37.

alegadamente violada é equívoca e pouco clara, não pode afirmar-se que exista um erro manifesto de interpretação, logo não havendo também uma violação manifesta e grave.

Aliás, a violação de uma norma comunitária com estas características apenas pode ser verificada por duas vias: em acórdão prejudicial em interpretação e em acórdão por incumprimento. A possibilidade dessa verificação pelas jurisdições nacionais está, naturalmente, fora de causa, na medida em que essas normas não têm as características necessárias para serem directamente aplicadas.

Em suma, não descortinamos qualquer utilidade na inserção desta terceira categoria de violação grave e manifesta.

Quanto à segunda categoria, parece-nos que o seu objectivo é considerar uma violação grave e manifesta toda aquela que comporte o desrespeito pela autoridade de um acórdão prejudicial interpretativo ou de um acórdão em constatação de incumprimento.

Parece-nos, no entanto, que a existência de uma pronúncia desta natureza não é indispensável e muito menos constitutiva da responsabilidade do estado.

Sendo inquestionável a gravidade da violação, é também verdade que, de acordo com a jurisprudência constante do TJCE nesta matéria, particularmente no que respeita aos acórdãos em constatação de incumprimento, os direitos dos particulares não decorrem do acórdão mas sim das próprias disposições violadas que tenham efeito directo[310].

Se assim é, o direito dos particulares eventualmente ofendido pela inobservância do acórdão do TJCE terá que se fundar na norma violada, que para isso, terá que ser directamente aplicável, ou seja, clara e precisa.

Ora se assim for, a sua violação enquadrar-se-á na primeira categoria de violações graves e manifestas, dispensando-se a utilidade desta segunda categoria, pelo menos no que respeita à constituição do direito à reparação patrimonial do direito violado.

---

[310] *Waterkeyn*, acórdão de 14 de Dezembro de 1982, P 314 a 316/81 & 83/82, Rec 1982, p. 4337.

A grande relevância que, quanto a nós poderá ter o acórdão do Tribunal de Justiça será em termos de prova da violação.

Com efeito, a existência prévia de um reenvio interpretativo sobre a mesma situação, ou de um acórdão em constatação por incumprimento sobre a mesma violação, determinará, na nossa opinião, a desnecessidade de produção adicional de prova da existência dessa mesma violação.

Ainda no que respeita à análise da violação do direito comunitário como pressuposto da responsabilidade do estado, cumpre discutir, para além da questão já considerada da sua gravidade, a questão da culpa.

De facto, será a responsabilidade do estado nesta situação uma responsabilidade subjectiva ou objectiva?

O advogado geral Tesauro discute, nesta questão, a natureza da norma violada. Para ele, sempre que a norma violada imponha uma obrigação de resultado, o elemento subjectivo é irrelevante, ao passo que quando a norma violada imponha um dever de diligência já será ao contrário.

Assim sendo, a subjectividade da responsabilidade dependeria essencialmente da natureza da norma violada.

No entanto, salienta Tesauro, a culpa na violação de um dever de diligência consubstancia a própria violação desse dever: *"(...) de facto, a violação da obrigação de diligência consiste exactamente numa conduta negligente, por conseguinte, numa conduta culposa, com a consequência de que a culpa é o objecto do ilícito, e não já uma componente subjectiva da culpa"*[311].

Para além dos pressupostos da responsabilidade analisados até ao momento, a existência de uma situação jurídica digna de protecção patrimonial e a violação de uma norma comunitária como facto gerador do prejuízo, resta analisar o conceito de prejuízo e o nexo de causalidade.

No que respeita à natureza do prejuízo, o advogado geral Tesauro, rejeitando liminarmente a existência de uma regra *de minimis* pretendida por alguns Estados-membros intervenientes no processo, consi-

---

[311] Conclusões Tesauro, ponto 89.

derou que este se deve caracterizar pela sua efectividade e actualidade, numa proposta que nos parece lúcida e razoável.

Finalmente, quanto ao nexo de causalidade Tesauro remete a sua apreciação para a jurisdição nacional, sendo certo que deverá existir esta relação de causalidade entre o prejuízo sofrido pelo particular e a violação estadual de uma obrigação comunitária.

Existem, no entanto, algumas observações prestadas pelos Estados-membros a que o advogado geral considerou necessário responder nesta matéria.

Trata-se em primeiro lugar da quebra do nexo de causalidade ou redução da obrigação de indemnizar decorrente da negligência do lesado. As duas possibilidades foram aceites pelo advogado geral, apelando à jurisprudência *Mulder*[312].

Trata-se, em segundo lugar, de uma observação já efectuada anteriormente, quanto à natureza subsidiária da acção em responsabilidade.

Esta questão foi resolvida mais uma vez reafirmando a natureza autónoma da responsabilidade do estado, utilizando argumentos referidos supra.

4.2.1 *O acórdão Brasserie du pecheur/Factortame*[313] *e o acórdão Hedley Lomas*[314]

Os processos apensos *Brasserie du pêcheur* e *Factortame* resultaram num acórdão algo extenso, em que o Tribunal de Justiça começa por analisar a questão da responsabilidade do Estado por acções e omissões do poder legislativo.

Ao contrário do advogado-geral, o Tribunal de Justiça não considerou necessário fundamentar ou sequer referir a tradicional inexistência, nos sistemas jurídicos nacionais, de vias de direito tendentes a

---

[312] *Mulder*, acórdão de 19 de Maio de 1992, P C-104/89 & 37/90, Rec 1992, p. I-3061.

[313] *Brasserie du Pêcheur/Factortame* acórdão de 5 de Março de 1996, P C-46/93 e C 48/93.

[314] *Lomas*, acórdão de 23 de Maio de 1996, P C-5/94, Rec 1996, p 2604.

A Eficácia Interna do Direito Comunitário   135

realizar a responsabilidade do Estado pelo exercício do poder legislativo, provavelmente porque, tal como referido pelo juíz relator, todos os intervenientes no processo aceitaram, a aplicabilidade do princípio da responsabilidade do estado ao legislador nacional[315].

Outrossim, considerou necessário analisar, como questão prévia, a argumentação explanada pela República Federal, pela Irlanda e pela Holanda, relativamente à natureza da norma comunitária cuja violação estaria na base da violação geradora da responsabilidade, antecipando a problemática da aplicabilidade directa da norma violada tratada mais adiante no documento.

Afirmando, em princípio a responsabilidade do estado pelos actos e omissões do poder legislativo, o Tribunal de Justiça salientou que atendendo à obrigação violada pelo estado-membro se podem encontrar duas situações típicas: aquelas em que o Estado-membro tem uma obrigação de resultado, de comportamento ou de abstenção de tal

---

[315] Esta solução não deixa de ser criticável. Na realidade, o acórdão salienta o paralelo que deve existir entre a responsabilidade do estado pela violação do direito comunitário e a responsabilidade extracontratual das Comunidades. Ora, nos termos do artigo 215º-2 CE, a responsabilidade extracontratual das Comunidades é inspirada nos princípios gerais que nesta matéria sejam comuns aos Estados-membros.

Esta inspiração é determinante do estricto enquadramento do regime da responsabilidade extracontratual das Comunidades pelo exercício do poder legislativo efectuado pela jurisprudência do Tribunal de Justiça e parece algo estranho que, partindo de sistemas nacionais em que a responsabilidade do estado pelo exercício da actividade legislativa é na prática quase inadmissível, onde com base nesse facto se limitou extraordinariamente a responsabilidade da Comunidade, se chegue a um sistema de responsabilidade do estado pela violação do direito comunitário determinado com alguma amplitude.

Acresce ainda uma situação à qual apenas se fará uma pequena referência. O regime da responsabilidade extracontratual da Comunidade pelo exercício do poder legislativo assenta em dois pressupostos fundamentais: a violação suficientemente caracterizada de uma regra superior de direito.

Ora acontece que, na medida em que no conjunto dos acórdãos do Tribunal de Justiça sobre a responsabilidade do estado pela violação do direito comunitário, a referência ao paralelo entre as duas realidades é uma constante e que neles desapareceu a especial exigência do grau superior da norma violada, parece-nos de aceitar que esta exigência deverá, no futuro, ser dispensada nas situações em que seja analisada a responsabilidade extracontratual da Comunidade.

forma precisas que a sua margem de apreciação se encontra manifestamente reduzida e situações em que os Estados-membros dispõem de um amplo poder de apreciação.

O primeiro caso enquadra-se na situação do acórdão *Francovich*. No segundo caso, a responsabilidade do estado deverá ter como paralelo a jurisprudência interpretativa do segundo parágrafo do artigo 288° CE relativamente às condições de efectivação da responsabilidade extracontratual da Comunidade, o que significa que existirá responsabilidade do Estado quando a regra de direito violada tenha por objecto conferir direitos aos particulares, a violação seja suficientemente caracterizada e exista um nexo de causalidade directo entre a violação da obrigação que incumbe ao estado e o prejuízo sofrido pela pessoa lesada[316].

Os requisitos estabelecidos não suscitam problemas de maior, sendo certo que importa clarificar o conceito de violação suficientemente caracterizada. Ora, neste aspecto, o Tribunal de Justiça afirmou que será violação suficientemente caracterizada uma violação manifesta e grave dos limites que se impõem ao poder de apreciação dos Estados, remetendo para a jurisdição nacional a análise da violação em causa, apontando-lhe, no entanto, alguns elementos auxiliares para a decisão.

Assim, o Tribunal de Justiça, seguindo de perto a opinião do Advogado-geral, salientou que entre os elementos que as jurisdições nacionais podem recorrer para averiguar da gravidade da violação se conta o grau de clareza e precisão da norma violada, o âmbito da margem de apreciação que a regra violada deixa às autoridades nacionais ou comunitárias, o carácter intencional ou não do incumprimento e do prejuízo, o carácter desculpável ou não de um eventual erro de direito e o facto de as Instituições comunitárias terem contribuído para a omissão, adopção ou manutenção de medidas ou práticas nacionais contrárias ao direito comunitário[317]. Além disso, existirá sempre violação suficientemente caracterizada quando esta se mantém após um acórdão do Tribunal de Justiça em sede de acção por incumprimento ou de

---

[316] Idem, considerandos 46 a 53.
[317] Idem, considerandos 55 e 56.

A Eficácia Interna do Direito Comunitário 137

reenvio prejudicial em interpretação ou quando da jurisprudência assente do Tribunal resulte a ilicitude do comportamento estadual[318].

A análise conjunta das conclusões do Advogado-geral e dos acórdãos do Tribunal força a conclusão que o primeiro pressuposto para a existência da responsabilidade, o seu ponto de partida principalmente no que respeita à responsabilidade do estado pela violação do direito comunitário, é a existência de uma situação jurídica subjectiva digna de protecção patrimonial.

Desta forma, sempre que, por alguma razão não seja possível reconhecer a existência dessa situação jurídica, ou conhecendo a sua existência o seu regime legal assuma contornos de tal forma vagos que se torne impossível determinar o conteúdo substancial, falha o primeiro pressuposto da responsabilidade que, consequentemente, não pode existir.

É que não é possível lesar uma situação jurídica que não existe ou cujo conteúdo não é conhecido nem cogniscível.

Ora, apenas quando o direito que estabelece a existência e conteúdo da situação jurídica é suficientemente claro e preciso é que podemos falar na sua tutela jurisdicional, seja na realização efectiva e substancial do próprio direito reconhecido, seja na sua realização por via indirecta, pelo ressarcimento pecuniário dos atentados de que tenha sido objecto, quer ainda pela cumulação das duas vias em simultâneo.

O que é o mesmo que afirmar que as normas que estabelecem e determinam o conteúdo da situação jurídica terão que ser directamente aplicáveis.

Esta aplicabilidade directa não significa, necessariamente, que sejam aptas à realização jurisdicional do conteúdo pleno e substancial do direito. Significará, outrossim, que são aptas a realizar jurisdicionalmente a patrimonialidade do direito que reconhecem.

Isto porque um direito subjectivo comporta normalmente duas possibilidades de realização: a realização do seu conteúdo pleno e substancial e a realização do seu conteúdo patrimonial.

Finalmente, quando a norma seja apta a produzir ambos os efeitos, o que sucede é que poderá o titular da situação jurídica por ela

---

[318] Idem, considerando 57.

protegida obter, em simultâneo, os dois tipos de protecção, substancial e patrimonial.

Assim sendo, o primeiro pressuposto estabelecido pelo Tribunal como que se funde com o primeiro critério estabelecido para orientação das jurisdições nacionais na qualificação da violação do Direito comunitário, aquele que assenta no grau de clareza e precisão da norma violada.

Por outro, a inexistência de violação grave quando esta resulta de erro de direito desculpável na interpretação do Direito comunitário afigura-se ainda como intimamente relacionado com o primeiro critério relativo à clareza e precisão da norma, pois que o erro na interpretação será desculpável quando a norma se preste naturalmente a uma pluralidade de interpretações, o que significa, em última análise, que a norma não é clara nem precisa.

Ora, a conjugação dos dois critérios apontados com o pressuposto fundamental da responsabilidade, a atribuição de direitos a favor dos particulares, resulta numa formulação curiosa: existirá responsabilidade do estado pela violação do Direito comunitário quando essa violação seja suficientemente caracterizada, considerando-se violação suficientemente caracterizada uma violação manifesta e grave dos limites que se impõem ao poder de apreciação estadual, o que ocorre, entre outras situações, quando a norma comunitária violada seja clara e incondicionada e deixe uma limitada margem de apreciação aos Estados-membros.

Sucede que, atendendo à jurisprudência constante do Tribunal de Justiça, desde 1962, a norma comunitária que seja clara e precisa, que não deixe margem de apreciação aos Estados-membros e que crie direitos a favor dos particulares é directamente aplicável, pelo que forçoso se torna concluir que existe violação suficientemente caracterizada quando a norma violada é uma norma directamente aplicável.

O Tribunal de Justiça adianta como elementos adicionais para a classificação da violação o carácter intencional ou involuntário do incumprimento ou do prejuízo, o que implica a análise da responsabilidade sob uma perspectiva subjectiva. Este facto, suscita de imediato a questão de saber se esta responsabilidade estadual se desenvolve como responsabilidade objectiva ou subjectiva.

O acórdão *Brasserie du Pêcheur* é algo contraditório ou no mínimo pouco claro nesta matéria. É que este foi o objecto de uma das questões prejudiciais colocadas: o direito à reparação depende da existência de dolo ou negligência do órgão estadual a quem o incumprimento é imputado?

A resposta do Tribunal de Justiça foi no sentido de limitar a influência da culpa apenas à sua relevância na caracterização da violação do Direito comunitário[319]. Ora, nesta matéria, a intencionalidade da violação é um dos critérios apontados à jurisdição nacional como determinantes da gravidade da violação[320].

Procedendo ao cruzamento entre as características da norma comunitária violada e a relação psicológica existente entre o facto ilícito e o Estado, verifica-se facilmente que quando a norma violada seja clara e precisa existirá sempre culpa, ainda que sob a forma de mera negligência, sendo certo que neste caso, na medida em que os critérios estabelecidos são alternativos, a culpa não é elemento determinante da existência de violação grave, que se encontra estabelecida já atendendo às características da norma.

Por outro lado, este será um critério determinante quando os restantes não forem suficientes para estabelecer a existência de violação grave. Sucede porém que esses casos serão aqueles em que a norma comunitária não seja clara nem precisa, o que significa, em última análise, que o Estado não terá em seu poder os elementos necessários para uma correcta análise do problema, configurando-se neste caso duas situações: o erro de direito desculpável, susceptível por si só de excluir a gravidade da violação ou a negligência.

Ora, a negligência não significa, antes pelo contrário, intencionalidade. Na realidade, esta noção encontra-se muito mais próxima do conceito de dolo do que do conceito de negligência.

Desta forma, a referência à intencionalidade do incumprimento no considerando 56 apenas pode ser entendida como traduzindo um comportamento doloso que apenas pode existir quando o agente realiza a ilicitude do seu comportamento. Para que isso aconteça, é necessário

---

[319] Idem, considerando 80.
[320] Idem, considerando 56.

que o agente conheça ou possa conhecer o conteúdo exacto da obrigação que lhe incumbe, o que apenas pode acontecer quando a norma comunitária violada seja clara e precisa.

Quando assim aconteça, atendendo à natureza subsidiária dos diversos critérios, na medida em que a norma é clara e precisa, torna-se desnecessário proceder a mais análises, pois que a violação grave se encontra desde logo estabelecida.

O último critério estabelecido pelo Tribunal de Justiça como meio auxiliar para determinar a existência de uma violação suficientemente caracterizada é a existência de um acórdão prejudicial ou em constatação de incumprimento ou ainda a existência de jurisprudência assente do Tribunal de Justiça na matéria, o que significa que qualquer violação da jurisprudência do Tribunal de Justiça é uma violação manifesta e grave.

Sem se questionar a gravidade da violação, parece que também aqui ocorre alguma redundância nos critérios indicados pelo Tribunal. É que quando exista um acórdão prejudicial[321], quando exista jurisprudência assente do Tribunal de Justiça ou quando o incumprimento tenha sido previamente constatado em processo por incumprimento, a violação imputada terá sempre como objecto uma norma comunitária convenientemente interpretada e como tal detentora das necessárias características de precisão e clareza referidas como primeiro critério para determinar a existência de violação suficientemente caracterizada: é que a partir da pronúncia do acórdão, as normas em causa passam a ser claras e precisas, pois que uma das funções cumpridas pela acção em incumprimento é precisamente o de delimitar e esclarecer o conteúdo da obrigação comunitária dos Estados-membros[322].

---

[321] Naturalmente apenas quando se pronuncie pela incompatibilidade do Direito comunitário com o Direito interno.

[322] Sem que, no entanto, o Tribunal tenha o poder de indicar quais as acções que o Estado-membro incumpridor deverá tomar para sanar o incumprimento. Em todo o caso, a existência de um acórdão constatando o incumprimento implica, para as autoridades nacionais competentes, a proibição de aplicar o Direito interno reconhecido como incompatível com o Direito comunitário. A este respeito, MOTA CAMPOS, João, *Direito Comunitário*, Vol. II, *O ordenamento jurídico comunitário*, 4ª Edição, Fundação Calouste Gulbenkien, Lisboa, 1994.

A Eficácia Interna do Direito Comunitário

Acresce que todas as pronúncias do Tribunal de Justiça nesta matéria se referem a normas comunitárias previamente consideradas como directamente aplicáveis, com excepção dos acórdãos *British Telecom*[323], *Faccini Dori*[324], *Wagner Miret*[325], *El Corte Inglés*[326], *Dillenkofer*[327], *Denkavit*[328] e *Sutton*[329], enquadráveis, todos eles, na linha *Francovich*, pois que o acto comunitário em causa é sempre uma Directiva.

Do exposto resulta claro que o regime da responsabilidade do Estado pela violação do Direito comunitário estabelecido pelos acórdãos *Francovich* e *Brasserie du Pêcheur* se reconduz, na realidade, ao reconhecimento da responsabilidade do Estado quando a norma comunitária violada tem como objectivo a atribuição de direitos a favor dos particulares e é precisa e clara, o que significa, em última análise, que a norma tem as características necessárias para produzir efeito directo.

Assim resumido e face ao raciocínio explanado, parece que a divisão do regime da responsabilidade em duas vertentes distintas, tomando como critério de separação o eventual poder descricionário do Estado na execução do Direito comunitário se dilui. É que não se vislumbra como conciliar a natureza imperativa da norma comunitária clara e precisa com a existência de discricionaridade estadual.

Esta mesma evidência terá sido admitida pelo Tribunal de Justiça no processo *Hedley Lomas*[330].

Estava em causa um reenvio prejudicial do *High Court of Justice, Queen's Bench Division*, no âmbito de um litígio entre o Ministério da Agricultura e a sociedade *Hedley Lomas Ltd*, através do qual a jurisdi-

---

[323] *Britsih Telecommunications*, acórdão de 26 de Março de 1996, P C-392/93.

[324] *Faccini Dori*, acórdão de 14 de Julho de 1994, P 91/92.

[325] *Wagner Miret* acórdão de 16 de Dezembro de 1993, P C-334/92.

[326] *El Corte Inglés*, acórdão de 7 de Março de 1996, P C-192/94.

[327] *Erich Dillenkofer e. a. (Agences de voyages)*, acórdão de 8 de Outubro de 1996, P C-178/64, C-179/94, C-188/94 e C-190/94, Rec 1996.

[328] *Denkavit International*, acórdão de 17 de Outubro de 1996, P C-283/94, C-291/94 & C-292/94, Rec 1996.

[329] *Sutton*, acórdão de 27 de Abril de 1997, P C-66/95, ainda não publicado.

[330] *Lomas*, acórdão de 23 de Maio de 1996, P C-5/94, Rec 1996, p 2604, considerando 2613.

ção nacional pretendia averiguar da existência e condições de realização da responsabilidade do Estado pela violação do artigo 29° CE[331].

Realçando que a responsabilidade do Estado depende da natureza da violação do Direito comunitário que está na origem do prejuízo causado[332], o Tribunal de Justiça recordou as três condições *Brasserie du pêcheur* quando alegadamente o Estado esteja investido de uma larga margem de apreciação para fazer opções normativas: a existência de direitos subjectivos que se fundem na norma violada, a gravidade da violação e o nexo de causalidade entre a violação e o prejuízo[333].

Sendo certo que a situação de facto em *Lomas* é diferente de *Francovich*[334], o Tribunal considerou que a resposta neste caso se deveria desenvolver no quadro *Brasserie du pêcheur*, para logo constatar, no considerando 28, que no caso concreto o Estado-membro não tinha qualquer margem de apreciação para tomar opções legislativas[335] e nesse caso a simples infracção ao Direito comunitário poderá ser uma violação manifesta e grave.

4.2.2 *Os acórdãos* **British Telecom**[336]**, Denkavit**[337] *e Dillen-kofer*[338]

No processo *British Telecom* estava em causa, recorde-se, a interpretação da Directiva 90/531 do Conselho de 17 de Novembro de 1990,

---

[331] O artigo 34° CE foi considerado directamente aplicável em *Pigs Marketing Board*, acórdão de 29 de Novembro de 1978, P 83/78, Rec 1978, 2347.

[332] *Lomas*, acórdão de 23 de Maio de 1996, P C-5/94, Rec 1996, p 2604, considerando 24, retomando *Francovich,* acórdão de 19 de Novembro de 1991, P 6 & 9/90, considerando 38 e *Brasserie du Pêcheur* acórdão de 5 de Março de 1996, P C-46/93, considerando 38.

[333] Idem considerando 25.

[334] Que apenas se aplica quando está em causa a violação de directivas.

[335] E não a tinha porque a norma violada é directamente aplicável.

[336] *Britsih Telecommunications*, acórdão de 26 de Março de 1996, P C-392/93.

[337] *Denkavit*, acórdão de 17 de Outubro de 1996, P apensos C-283/94, C-291//94 & C-292/94, Rec 1996, p. .

[338] *Erich Dillenkofer e. a. (Agences de voyages)*, acórdão de 8 de Outubro de 1996, P C-178/64, C-179/94, C-188/94 e C-190/94, Rec 1996.

A Eficácia Interna do Direito Comunitário 143

relativa aos processos de aquisição nas empresas dos sectores de água, energia, transportes e telecomunicações, nomeadamente do seu artigo 8º e a compatibilidade com o acto normativo de transposição.

Configurava-se, de acordo com o juiz *a quo*, a possibilidade de uma transposição incorrecta e, nessa medida, averiguar da existência de uma obrigação de indemnizar os danos sofridos pelos particulares em razão dessa violação do direito comunitário.

Como questão prévia o Tribunal de Justiça analisou o referido artigo 8º da Directiva, concluindo pela sua incorrecta transposição, salientando, no entanto, que o normativo em causa era impreciso e que, como tal, se prestava a diversas interpretações[339], o que é o mesmo que dizer que não revestia as condições de clareza e precisão necessárias para a produção de efeito directo.

Assim sendo, o Tribunal de Justiça considerou que a situação deveria ser analisada face à jurisprudência *Brasserie du pêcheur*, excluindo-a do âmbito *Francovich*, cujas condições, manifestamente, não se verificavam.

Perante as características do artigo 8º da Directiva, o Tribunal considerou que a sua incorrecta transposição não é qualificável como violação suficientemente caracterizada. A incorrecta transposição apenas traduziria, face à imprecisão do normativo, a evidência de um erro de direito desculpável.

A solução não poderia ser diferente, pois que, como demonstrado supra, do regime estabelecido em *Brasserie du pêcheur* resulta que os critérios estabelecidos para determinar a existência de uma violação suficientemente caracterizada sempre implicam a aplicabilidade directa da norma comunitária violada.

A jurisprudência *British Telecom* foi posteriormente aplicada em *Denkavit*[340].

Estava em causa uma situação em tudo semelhante à situação de *British Telecom*: uma directiva teria sido incorrectamente transposta

---

[339] *Britsih Telecommunications*, acórdão de 26 de Março de 1996, P C-392/93, considerando 43.

[340] *Denkavit*, acórdão de 17 de Outubro de 1996, P apensos C-283/94, C-291/94 & C-292/94, Rec 1996, p.

para Direito interno e essa incorrecta transposição teria provocado prejuízos a particulares.

As normas comunitárias em causa, os artigos 1º e 3º da Directiva 90/435/CEE do Conselho de 23 de Julho de 1990, forma considerados como pouco precisos e prestando-se a diversas interpretações, evidenciando a existência de erro de direito desculpável, pelo que o Tribunal de Justiça considerou não existir uma violação suficientemente caracterizada.

Da jurisprudência citada parece resultar uma demarcação entre a responsabilidade do Estado pela falta de transposição de directivas e a responsabilidade do Estado pela incorrecta transposição das Directivas. No primeiro caso o regime da responsabilidade seria o regime *Francovich* e no segundo caso o regime seria o de *Brasserie du pêcheur*.

A jurisprudência *Dillenkofer*[341] veio acrescentar alguns dados novos ao problema, sumariando o regime estabelecido em todos os acórdãos anteriores[342].

O Tribunal de Justiça começou por responder às questões prejudiciais relativas ao princípio da responsabilidade do estado apelando à jurisprudência *Brasserie du pêcheur* e aos requisitos nela estabelecidos para a realização da obrigação de indemnização: a existência de um direito subjectivo cuja lesão determina um prejuízo, uma violação suficientemente caracterizada de uma norma comunitária e um nexo de causalidade entre o prejuízo e a violação.

Comparando *Francovich* com *Brasserie*, o Tribunal de Justiça verificou que os ditos requisitos se apresentam igualmente nas duas situações: a atribuição de direitos a favor do particular directamente a partir da norma violada, a existência de uma violação suficientemente caracterizada e o nexo de causalidade entre a lesão do direito e a violação.

---

[341] *Erich Dillenkofer e. a. (Agences de voyages)*, acórdão de 8 de Outubro de 1996, P C-178/64, C-179/94, C-188/94 e C-190/94, Rec 1996.

[342] Estava em causa, recorde-se, a falta de transposição da Directiva 90/341/ /CEE do Conselho, de 13 de Junho de 1990 que obriga os Estados-membros a impôr aos operadores turísticos a manutenção de um sistema de garantia suficiente para, no caso da sua falência ou insolvência, reembolsarem ou repatriarem os seus clientes.

A Eficácia Interna do Direito Comunitário   145

Concretamente, o Tribunal afirmou que o desrespeito pelo prazo de transposição de uma directiva é, em si, uma violação manifesta e grave[343], que gera a obrigação de indemnizar quando o conteúdo do direito do particular possa ser determinado a partir da própria directiva e exista um nexo de causalidade entre o prejuízo e a falta de transposição[344].

Com base em *Dillenkofer*, alguma doutrina[345] considerou que o Tribunal de Justiça teria operado a fusão das duas vertentes da responsabilidade do Estado, passando a aplicar-se à responsabilidade pela falta de transposição de directivas os requisitos estabelecidos para a efectivação da responsabilidade do Estado determinados por *Brasserie du pêcheur*[346].

Sucede, porém, que a divisão inicial da responsabilidade do Estado em duas vertentes diferenciadas com base num critério considerando a margem de apreciação estadual na execução do Direito comunitário se reconduz, no essencial, à questão doutrinal que surgiu

---

[343] O Tribunal de Justiça apelou para este efeito ao considerando 28 do acórdão *Lomas*, para fundamentar o considerando 26 do acórdão *Dillenkofer:* "De resto, quando, como no processo Francovich e o., um Estado-membro, em violação do artigo 249º, terceiro parágrafo, do tratado, não toma qualquer das medidas necessárias para atingir o resultado prescrito por uma directiva, no prazo por ela imposto, esse Estado-membro viola, de forma manifesta e grave, os limites que se impõem ao exercício dos seus poderes.".

[344] Idem, considerando 29.

[345] Lefevere, Jürgen, "State Liability for Breaches of Community Law", European Environmental Law Review, 1996, pp. 237-242, Universiteit Maastricht, entre outros.

[346] Recorde-se que a discussão da responsabilidade do estado em duas vertentes tem origem nos considerandos 46 e 47 do acórdão *Brasserie do pêcheur*, retomando, aliás, algumas ideias explanadas pelo advogado-geral nas suas conclusões, de acordo com a qual há que distinguir quando o Estado membro tem uma margem de apreciação na execução das suas obrigações comunitárias e quando essa margem se encontra consideravelmente reduzida, *"como nas circunstâncias a que se refere o acórdão Francovich e o., já referido, o Estado-membro é obrigado, nos termos do artigo 249º do tratado, a tomar, dentro de certo prazo, todas as medidas necessárias para alcançar o resultado imposto por uma directiva"* .

146   *O Juiz Nacional e o Direito Comunitário*

pela incompreensão do acórdão *Francovich*: a da aplicabilidade directa da norma comuntária violada.

A consideração de *Francovich* como tendo determinado a responsabilidade do estado pela violação do Direito comunitário que não é directamente aplicável levou o Tribunal de Justiça a enveredar por caminhos menos lineares, perdendo de vista a questão fundamental que está implícita, mas nem por isso menos clara em toda a jurisprudência subsquente: é que apenas se pode efectivar a responsabilidade do Estado pela violação da norma comunitária que seja clara e precisa e que implique a atribuição de direitos a favor dos particulares. E assim, o problema da margem de apreciação estadual dilui-se, pois que se a norma delimitar claramente a obrigação, naturalmente que não existe margem de apreciação.

Finalmente, quando o Tribunal de Justiça afirma que a falta de transposição de uma directiva no prazo estabelecido é sempre uma violação suficientemente caracterizada, mais não faz que alimentar a anterior querela doutrinal, sendo certo que, admitindo-se que essa seja uma violação manifesta e grave, apenas será uma violação que gera o direito à indemnização quando o direito subjectivo ofendido se funde numa norma susceptível de produzir efeito directo.

Ora, este regime resulta claro e comum em toda a jurisprudência do Tribunal de Justiça nesta matéria.

4.2.3 *O conteúdo da obrigação de indemnização*

O conteúdo da obrigação de indemnizar os danos sofridos pelos particulares provocados pela violação do Direito comunitário pelos Estados-membros foi questionado por diversas vezes perante o Tribunal de Justiça.

Em todas as situações[347], a resposta do Tribunal de Justiça remeteu a solução para o Direito interno a solução do problema, salientando, no entanto, que as modalidades e condições fixadas pela legislação

---

[347] Todos os acórdãos citados sobre a responsabilidade do Estado e *Marshall II*, acórdão de 2 de Agosto de 1993, P C-271/91, Rec 1993, p. I-4367.

A *Eficácia Interna do Direito Comunitário* 147

nacional nessa matéria não podem ser menos favoráveis que as relativas a situações idênticas de natureza interna, nem podem ser tais que tornem na prática impossível ou excessivamente difícil a obtenção da indemnização[348].

Secção 5. OS LIMITES DOS PODERES DO JUIZ NACIONAL

Os poderes da jurisdição nacional no exercício da sua função comunitária encontram-se naturalmente limitados por duas ordens de factores.

A primeira limitação decorre da própria natureza do Direito comunitário e da sua ainda imperfeição. Consubstancia-se no princípio da aplicabilidade do Direito nacional no que respeita ao processo e autor da efectivação jurisdicional do Direito comunitário, geralmente designado por princípio da autonomia institucional e processual dos Estados-membros.

A segunda limitação dos poderes do juiz nacional decorre dos imperativos ditados pelo princípio da uniformidade de interpretação e aplicação do Direito comunitário que, como vimos anteriormente, é realizado através do mecanismo do reenvio prejudicial.

As duas próximas secções ser-lhes-ão dedicadas.

5.1 O princípio da autonomia institucional e processual e os seus limites

É no quadro do seu Direito interno que o juiz nacional respeita o imperativo comunitário de realizar, nos litígios da sua competência, a plena eficácia da norma comunitária directamente aplicável.

Esta afirmação de princípio tem sido reiteradas vezes formulada pelo TJCE, em termos que não deixam grandes dúvidas: *"(...) compete*

---

[348] A este respeito, veja-se, por último, *Sutton*, acórdão de 27 de Abril de 1997, P C-66/95.

à ordem jurídica interna de cada Estado-membro definir as jurisdições competentes e regular as formas processuais de acção em juízo destinados a assegurar a salvaguarda dos direitos que os particulares retiram do efeito directo do direito comunitário"[349].

A função confiada ao juiz nacional configura-se, pois, como uma obrigação de resultado, a tutela, directa, imediata e efectiva dos direitos que os particulares retiram do Direito comunitário[350]. A realização desta função resulta, quanto ao modo e aos agentes, das regras estabelecidas pelo Direito interno, de acordo com o princípio da autonomia institucional e processual dos Estados-membros.

Esta autonomia, não deve, no entanto, ter como efeito a diminuição ou inexistência de protecção jurisdicional para os direitos que os particulares retiram da norma comunitária. Consequentemente, as condições impostas pelo Direito interno *"não podem ser reguladas de forma a tornar praticamente impossível o exercício dos direitos conferidos pela ordem jurídica comunitária"*[351].

Desta afirmação resultam diversas limitações ao princípio da autonomia institucional e processual.

Em primeiro lugar, da aplicação do Direito nacional não pode resultar a inexistência de uma via de Direito competente para satisfazer, por via de acção, a protecção jurisdicional dos direitos que os particulares retiram do Direito comunitário.

Esta situação colocou-se no acórdão *Heylens*[352]. Estava em causa a existência de uma via de recurso jurisdicional contra uma decisão de uma autoridade nacional que recusava a um trabalhador assalariado o reconhecimento dos direitos para ele decorrentes do princípio da livre circulação de trabalhadores.

---

[349] *Rewe*, acórdão de 16 de Dezembro de 1976, P 33/76, cit.

[350] BARAV, Ami, "La Plénitude de compétence du juge national en sa qualité de juge communautaire", in *L'Europe et le Droit, Mélanges Jean Boulouis*, Dalloz, p. 1.

[351] *San Giorgio*, acórdão de 9 de Novembro de 1983, P 199/82, Rec 1983, p. 3595, cit.

[352] *Heylens*, acórdão de 15 de Outubro de 1987, P 222/86, Rec 1987, p. 4097, cit.

A Eficácia Interna do Direito Comunitário 149

De acordo com a pronúncia do TJCE, uma tal decisão deverá poder ser objecto de recurso jurisdicional tendo em vista o controle da sua legalidade perante o Direito comunitário.

O princípio subjacente é de que a cada direito tem que corresponder uma via de direito que permita, se necessário, a sua realização por via jurisdicional.

O mesmo imperativo presidiu à pronúncia do TJCE no acórdão *Deville*[353]. Em causa estava o direito dos particulares ao reembolso de somas cobradas pelos Estados-membros em violação do Direito comunitário[354], concluindo o TJCE que é indispensável a existência de uma via de direito permitindo ao particular recuperar os valores em causa.

A mesma ordem de razões presidiu, no nosso entender, à pronúncia do TJCE nos acórdãos *Factortame*[355], quanto ao poder de outorga de medidas de protecção provisória e *Francovich*[356], quanto à responsabilidade do Estado.

Esta necessidade de tutela jurisdicional dos direitos consubstancia a primeira vertente da noção de *"droit au juge"* [357], que consubstancia o primeiro limite ao princípio da autonomia institucional e processual: A cada causa, um juiz.

A segunda vertente do *droit au juge* traduz-se nas implicações das necessidades da tutela do Direito comunitário no alcance da competência do juiz nacional.

Um dos processos em que uma questão desta natureza se colocou foi no acórdão *Johnston*[358], em cujas conclusões, aliás, o Advogado--geral Darmon referiu pela primeira vez a expressão *droit au juge*.

---

[353] *Deville*, acórdão de 29 de Junho de 1988, P 240/87, Rec 1988, p. 3513, cit.

[354] A respeito do contencioso da repetição do indevido, veja-se a secção correspondente, *supra*.

[355] *Factortame*, acórdão de 19 de Junho de 1990, P C-213/89, Rec 1989, p. I-24.

[356] *Francovich*, acórdão de 19 de Novembro de 1991, P 6 & 9/90, Rec 1991, p. 5403.

[357] A expressão *"droit au juge"* é do Advogado-geral Darmon, in *Johnston*, acórdão de 15 de Maio de 1986, P 222/84, Rec 1986, p. 1651.

[358] *Johnston*, acórdão de 15 de Maio de 1986, P 222/84, Rec 1986, p. 1651.

Estava em causa a alegada descriminação, em razão do sexo, entre trabalhadores masculinos e femininos no acesso e exercício da actividade de polícia na Irlanda do Norte.

Pelo essencial, de acordo com o Direito interno Britânico, são admissíveis descriminações baseadas no sexo quando encontrem a sua justificação em imperativos decorrentes da segurança do Estado e da defesa da segurança e ordem pública.

Com fundamento nas normas relativas à utilização de armas de fogo pelos agentes policiais no Reino Unido, admitida como regra excepcional no território da Irlanda do Norte, o *Chief Constable* recusou a renovação do contrato de trabalho ao abrigo do qual a senhora *Johnston* vinha prestando serviço policial.

A decisão do *Chief Constable* foi impugnada pela senhora *Johnston* junto do Tribunal competente, invocando a ilegalidade da descriminação de que havia sido objecto.

No decurso do processo, o *Chief Constable* apresentou em juízo uma certidão, emitida pelo ministro competente, afirmando que a recusa de renovação do contrato de trabalho da senhora *Johnston* decorria de imperativos de segurança do estado e segurança e ordem públicas.

De acordo com o Direito interno Britânico, a certidão em causa constituía prova pleníssima dos factos nela incluídos, consequentemente impossibilitando o juiz encarregado de resolver o litígio de os conhecer.

Este valor atribuído à certidão foi objecto de uma das questões prejudiciais colocadas pelo juiz nacional, que pretendia averiguar da compatibilidade do Direito comunitário com a regra de Direito interno que estabelecia um tal valor a favor do acto ministerial em causa.

Este valor foi considerado contrário ao Direito comunitário, na medida em que por essa via se subtraía ao controle jurisdicional efectivo matérias indispensáveis à realização efectiva do Direito comunitário.

Para além deste limites já referidos ao princípio da autonomia institucional e processual, podemos referenciar outros na jurisprudência do TJCE, maioritariamente desenvolvidos em questões prejudiciais colocadas por Tribunais nacionais encarregados de dirimir acções de repetição do indevido, que se podem reconduzir a três ideias principais.

A primeira inclui os limites relativos aos prazos de prescrição ou caducidade do direito de acção judicial. Estes deverão ser razoáveis, nos termos da jurisprudência *Rewe*[359] e *Comet*[360]. Esta razoabilidade foi entretanto clarificada pelo TJCE em diversos acórdãos[361].

A segunda inclui a interdição de aplicar aos processos em que seja suscitada a aplicação do Direito comunitário normas que sejam, por referência a idênticos processos de natureza puramente interna, normas processuais mais restritivas[362].

A terceira ideia abrange genericamente tudo o que ficou dito sobre os limites ao princípio da autonomia institucional e processual dos Estados-membros e, na verdade, foi a partir dela que desenvolvemos esta secção: as condições impostas pelo Direito interno, aplicável em consequência do princípio da autonomia institucional e processual, não podem determinar a impossibilidade prática da realização do Direito comunitário, ou como já anteriormente afirmámos, não pode consubstanciar uma violação do princípio do estado de direito.

O princípio da autonomia institucional e processual sofreu uma outra limitação, a propósito do acórdão *Peterbroeck*[363].

Estava em causa um reenvio prejudicial da Cour d'Appel de Bruxelas num processo que opõe *Peterbroeck, Van Campenhout & Cie SCS* ao estado belga, relativamente à taxa de liquidação do imposto sobre o rendimento para os não residentes.

A sociedade *Peterbroeck* é uma sociedade belga, em cujo capital participa a sociedade neerlandesa *Continentale & Britse Trust BV*. No exercício relativo a 1974, foram pagos rendimentos sobre os quais

---

[359] *Rewe*, acórdão de 16 de Dezembro de 1976, P 33/76, Rec 1976, p. 1989.

[360] *Comet*, acórdão de 16 de Dezembro de 1976, P 45/76, Rec 1976, p. 2043.

[361] *Deutsche Milchkontor*, acórdão de 21 de Setembro de 1983, P 205-215/82, Rec 1983, p. 2633; *Comissão c. RFA*, acórdão de 2 de Setembro de 1990, P C-5/89, Rec 1990, p. I-3437; *Bessin et Salsson*, acórdão de 9 de Novembro de 1989, P 286/87, Rec 1989, p. 3511.

[362] *Salumi*, acórdão de 27 de Março de 1980, P 66, 127 e 128/79, Rec 1980, p. 1237.

[363] *Peterbroeck*, acórdão de 14 de Dezembro de 1995, P C-312/93, Rec 1995, p.

incidiram contribuições a uma taxa de 44,9%, aplicável aos não residentes na Bélgica.

O mesmo imposto para os residentes na Bélgica era de 42%. As liquidações efectuadas pela autoridade tributária forma objecto de recurso gracioso que foi indeferido.

Do indeferimento em causa foi interposto recurso de anulação perante a Cour d'Appel de Bruxelas.

Na petição de recurso contencioso a *Peterbroeck* invocou como fundamento da ilegalidade da liquidação a incompatibilidade da taxa aplicada com o artigo 43º CE, na medida em que o tratamento diferenciado entre residentes e não residentes consistiria, a seu ver, um entrave à liberdade de estabelecimento.

De acordo com o direito processual belga esta invocação seria extemporânea e inadmissível, na medida em que não havia sido produzida no âmbito do processo gracioso nem nos 60 dias subsequentes à entrega da decisão impugnada na secretaria da Cour d'Appel.

O não exercício do direito de aduzir novos fundamentos no prazo referido determinaria a caducidade desse mesmo direito, modelando-se definitivamente a lide nos termos autuados, ficando a jurisdição nacional impossibilitada de conhecer, mesmo oficiosamente, de qualquer outro fundamento de ilegalidade que não os previamente deduzidos.

Considerando que esta limitação ao seu poder cognitivo poderia ser contrária ao direito comunitário, tanto mais que o próprio direito belga estabelecia excepções, taxativas é certo, em que a jurisdição seria detentora do poder de conhecer outros vícios oficiosamente, a jurisdição *a quo* colocou uma questão prejudicial com o intuito de averiguar da compatibilidade do direito comunitário com a limitação imposta aos seus poderes cognitivos.

O processo prejudicial em causa teve uma vida atribulada e ao mesmo tempo curiosa, na medida em que, já com a fase oral encerrada, após a audiência e a leitura das conclusões do advogado geral, foi determinada a reabertura da fase oral.

Com efeito, a matéria em discussão é de extrema importância. Será a violação do direito comunitário um vício de ordem pública?

Pese embora as primeiras conclusões do advogado geral de 4 de Maio de 1994 fossem no sentido do respeito pelo princípio da autono-

A Eficácia Interna do Direito Comunitário 153

mia institucional e processual dos Estados-membros, logo considerando o direito comunitário compatível com a solução nacional belga, esta proposta não seria consentânea com a plena eficácia do direito comunitário.

Aliás, tendo em vista a jurisprudência anterior do TJCE, no que respeita à interpretação deste princípio da autonomia institucional e processual dos Estados-membros[364], as limitações principais que lhe são impostas pelo direito comunitário são precisamente a interdição da descriminação do direito comunitário nas modalidades da sua realização, a proibição das modalidades que tornem praticamente impossível ou excessivamente difícil a sua realização e a proibição de regras processuais que impeçam a jurisdição nacional de, pela sua própria autoridade e no momento mesmo em que deve aplicar o direito, tudo fazer para realizar a plena eficácia do direito comunitário.

Apelando precisamente a esta sua jurisprudência, o TJCE concluiu neste processo que a violação do direito comunitário deverá, independentemente de qualquer norma interna que estatua diversamente, ser do conhecimento oficioso dos Tribunais nacionais.

No mesmo dia em que pronunciou este acórdão, o Tribunal de Justiça proferiu também os acórdãos *Van Schijndel e Kraaijveldan Veen*[365], retomando a questão posteriormente com o processo *Kraaijveld*[366].

Em todas estas pronúncias, o Tribunal de Justiça afirmou a obrigatoriedade do juíz nacional conhecer oficiosamente os meios de direito suscitados pelas regras de Direito comunitário.

---

[364] *Rewe*, acórdão de 16 de Dezembro de 1976, P 33/76, Rec 1976, p. 1989; *Comet*, acórdão de 16 de Dezembro de 1976, P 45/76, Rec 1976, p. 2043; *Simmenthal*, acórdão de 9 de Março de 1978, P 106/77, Rec 1978, p. 629; *Hans Just*, acórdão de 27 de Fevereiro de 1980, P 68/79, Rec 1980, p. 501; *San Giorgio*, acórdão de 9 de Novembro de 1983, P 199/82, Rec 1983, p. 3595; *Bianco*, acórdão de 25 de Fevereiro de 1986, P 331/85, 376/85 e 378/85, Rec 1986, p. 1099.

[365] *Van Schijndel e Kraaijveldan Veen*, acórdão de 14 de Dezembro de 1995, P apensos C-430 e C-431/93, Rec 1995, p. I-4705.

[366] *Kraaijveld*, acórdão de 24 de Outubro de 1996, P C-72/95, Rec 1996, p.

5.2 O reenvio prejudicial

O reenvio prejudicial foi abordado, enquanto instrumento do princípio da uniformidade de interpretação e aplicação do Direito comunitário, no Capítulo I. É agora chegado o momento de o analisar enquanto limite aos poderes cognitivos do juiz nacional. Esta análise deve efectuar-se de forma diferenciada nas suas variantes de interpretação e de apreciação de validade, determinando assim a sistematização da presente secção.

5.2.1 *O reenvio prejudicial em interpretação*

Resulta do artigo 234° CE uma obrigação de reenvio prejudicial interpretativo sempre que uma questão de Direito comunitário se coloque perante uma jurisdição cujas decisões não sejam susceptíveis de recurso judicial em Direito interno.

A deficiente redação do preceito é de molde a suscitar dúvidas quanto à sua interpretação.

Na realidade, quando o Tratado refere *"cujas decisões não sejam susceptíveis de recurso em direito interno"*, terá em vista as jurisdições superiores, ou, pelo contrário, qualquer jurisdição que, no caso concreto, se pronuncie em última instância?

Em favor da primeira interpretação o Professor Mota de Campos adianta diversos argumentos[367].

Em primeiro lugar, a errónea interpretação do direito comunitário efectuada por um Tribunal inferior, num julgamento insusceptível de recurso, não compromete a unidade de interpretação do direito comunitário.

Em segundo lugar, admitir uma interpretação diferente significaria um acréscimo injustificado de trabalho para o TJCE.

Em terceiro lugar, contraditando o argumento adiantado pelos defensores da tese contrária, que tal interpretação teria sido consagrada

---

[367] MOTA DE CAMPOS, João, *Direito comunitário*, Volume II, *O ordenamento Jurídico*, 4ª Edição, Fundação Calouste Gulbenkian, Lisboa, 1994, p. 456 e sgs.

pelo próprio TJCE no acórdão *Costa c. Enel*, a afirmação neste produzida, por não responder a qualquer questão colocada pelo Tribunal de reenvio, deverá entender-se como uma referência incidental, que não traduziria a posição do TJCE sobre o assunto.

Além disso, no acórdão *Hoffmann Laroche*[368] o TJCE afirmou que a razão de ser da obrigatoriedade do reenvio tem em vista a prevenção do aparecimento, em qualquer Estado-membro, de jurisprudência contrária ao direito comunitário.

Esta ideia seria, aliás, reforçada pelo TJCE no acórdão *CILFIT*[369], quando afirmou como objectivo fundamental da obrigatoriedade de reenvio, a prevenção do estabelecimento de divergências jurisprudenciais na Comunidade, relativamente a questões de Direito comunitário.

Em quarto lugar, o efeito útil do artigo 234º CE, na medida em que a jurisprudência nacional não é estabelecida pelos Tribunais inferiores, sendo sim uma função cometida aos Tribunais superiores, não imporia a obrigatoriedade de reenvio a estas jurisdições, mesmo quando decidam em última instância de processo.

Em quinto lugar, a comparação do artigo 234º CE com o artigo 41º CECA não sustenta a tese do reenvio obrigatório sempre que a jurisdição estatua em última instância no processo, na medida em que no quadro do Tratado CECA não existe sequer obrigatoriedade de reenvio das questões interpretativas.

Finalmente, atendendo o alto nível técnico demonstrado pelos redactores do Tratado, admitir a tese contrária significaria reconhecer uma deficiente redação do artigo 234º CE, o que não parece aceitável.

Com o devido respeito, os argumento adiantados não nos parecem determinantes na defesa da tese em que apenas as jurisdições superiores são obrigadas a reenviar.

O primeiro e quarto argumento reconduzem-se, de alguma forma, a uma mesma ideia, o relativamente diminuto alcance da jurisprudência das jurisdições inferiores.

---

[368] *Hoffmann Laroche*, acórdão de 24 de Maio de 1977, P 107/76, Rec 1977, p. 957.

[369] *CILFIT*, acórdão de 6 de Outubro de 1982, P 283/81, Rec 1982, p. 3415.

Sendo certo que a bondade do pressuposto é razoavelmente inquestionável num sistema jurídico romano-germânico, já num sistema de *common law* teremos algumas dúvidas em o aceitar, pelo menos com a expressão que se lhe pretende reconhecer. Acresce que, mesmo em sistemas de raíz romano-germânica, a jurisprudência dos Tribunais inferiores pode, ainda que excepcionalmente, exercer alguma influência e relevância[370].

Relativamente ao terceiro argumento, que se funda na jurisprudência do TJCE, existem na realidade duas afirmações: a primeira no sentido de retirar relevância à afirmação do TJCE no acórdão *Costa c. ENEL* e a segunda quanto ao objectivo prosseguido pelo artigo 234º CE.

No que respeita à afirmação produzida pelo TJCE em *Costa c. ENEL*, estamos perante a única alguma vez produzida pelo Tribunal sobre esta matéria e trata-se de uma afirmação extremamente clara: a obrigação de reenvio estabelecida pelo artigo 234º CE impõe-se às jurisdições nacionais cujas decisões são, *"comme en l'espèce"*, sem recurso.

Assim sendo, parece-nos razoável afirmar que num texto jurídico fundamental como o acórdão *Costa c. ENEL*, em que as questões discutidas eram de questões de princípio extremamente controversas, dificilmente o Tribunal de Justiça se permitiria produzir uma afirmação incidental, tanto mais que o seu conteúdo importa uma afirmação de princípio na interpretação de uma norma do Tratado tão importante como o artigo 234º CE.

Esta leitura de *Costa c. ENEL*, aliás, resulta clara para uma boa parte da doutrina[371].

---

[370] Pense-se na sentença do juiz de Marvão...

[371] LOUIS, J. V., VANDERSANDEN, G., WAELBROECK, D., & WAELBROECK M., Commentaire Megret, *Le Droit de la CEE, Vol X, La Cour de Justice, Les actes des institutions*, 2ª Edição, Collection Études Européennes, Université de Bruxelles, 1993, p. 232; BARAV, Ami, *La Fonction Communautaire du Juge national"*, Thèse, Universidade de Estrasbourg, 1983; KOVAR, Robert, "Recours préjudiciel en interprétation et en appréciation de validité", JCL Europe, Fasc. 360.

A Eficácia Interna do Direito Comunitário   157

Quanto ao objectivo propriamente dito do artigo 234°, o reconhecimento exclusivo da sua função como instrumento da uniformidade de interpretação e aplicação do Direito comunitário parece ser algo redutor, na medida em que isso significaria que o único interesse prosseguido pelo artigo 234° seria o interesse comunitário. Ora, se não restam dúvidas que este artigo impõe uma obrigação de reenvio, em algumas circunstâncias específicas, certo é que esta obrigação de *facere* terá, necessariamente, que criar um direito correspondente, cuja titularidade não se afigura evidente. Se o único interesse tutelado pelo artigo 234° é o interesse comunitário, o direito correspondente à obrigação por ele imposta incluir-se-á na esfera comunitária, logo, será às comunidades que assistirá a possibilidade de exigir o cumprimento desta obrigação, eventualmente por via do mecanismo da acção por incumprimento.

A limitação do objectivo do artigo 234° nos termos enunciados parece, no entanto, difícil de conciliar com as ideias base que presidem à jurisprudência comunitária nesta matéria e sem dúvida que a plena eficácia do Direito comunitário ficaria prejudicada se a obrigação imposta às jurisdições nacionais não criasse um correlativo direito a favor dos particulares.

Com efeito, a obrigação de reenvio imposta pelo artigo 234° configura-se como constituindo um direito de qualquer parte num litígio em que se suscite uma questão de Direito comunitário obter uma decisão do TJCE. Admitir a existência deste direito apenas perante as jurisdições superiores significaria uma injustificada diminuição dos direitos dos particulares, tanto mais grave quanto a importância dos princípios colocados à interpretação do TJCE são, frequentemente, infinitamente superiores aos interesses materiais subjacentes no caso concreto[372].

No que respeita ao último argumento, que recorre ao artigo 41° CECA como elemento auxiliar da interpretação do artigo 234°, consideramos que as diferenças existentes entre estas duas normas são inten-

---

[372] Louis, J. V., Vandersanden, G., Waelbroeck, D., & Waelbroeck M., Commentaire Megret, *Le Droit de la CEE, Vol X, La Cour de Justice, Les actes des institutions*, 2ª Edição, Collection Études Européennes, Université de Bruxelles, 1993, p. 232.

cionais e bem demonstrativas da evolução da vontade dos autores dos Tratados.

Assim, o próprio Tribunal tem recorrido à conjugação dos artigos 234º CE, 150º CEEA e 41º CECA nas interpretações relativas à sua competência prejudicial. E tem-no feito principalmente no sentido de justificar uma competência prejudicial interpretativa, inexistente no quadro CECA[373], o que parece apontar no sentido de considerar o sistema CE e CEEA como uma evolução do sistema CECA, o que, na nossa opinião é perfeitamente reazoável.

Relativamente à deficiente redação do artigo 234º, verificamos que ela é manifesta. Com efeito, não fora essa deficiência, que permite igualmente as duas interpretações, não existiria a querela doutrinal ora sustentada. É que, na nossa modesta opinião e com a devida vénia, parece-nos que do elemento literal do artigo 234º podem resultar quaisquer das duas interpretações.

Finalmente, o segundo argumento. Este será, quanto a nós, no estado actual do Direito comunitário, aquele que maior relevância adquire, tendo em vista a presente jurisprudência do TJCE relativamente à inadmissibilidade prejudicial.

Apresenta, no entanto, o inconveniente de introduzir como que um "elemento pragmático" na interpretação do Direito comunitário, que se nos afigura algo ajurídico.

No entanto, admitimos que seria provavelmente a motivação fundamental que levaria o TJCE, se confrontado com uma questão incisiva sobre a sua interpretação da obrigação de reenvio, a pronunciar-se pela teoria da obrigatoriedade restricta às jurisdições superiores.

Certo é que, independentemente da teoria que se perfilhe sobre as jurisdições nacionais obrigadas ao reenvio em interpretação, este é um limite aos poderes cognitivos do juiz nacional. Existirão, entretanto, situações em que o reenvio não seja obrigatório?

Com efeito, parecem existir, de acordo com a jurisprudência do TJCE, algumas excepções à obrigação de reenvio.

A primeira excepção é a impertinência da questão prejudicial, porque o Direito comunitário invocado não seja, manifestamente, apto

---

[373] *Busseni*, acórdão de 22 de Fevereiro de 1990, P C-221/88, Rec 1988.

à resolução do lítigio apresentado ao juiz nacional[374]. Esta excepção, aliás,verifica-se em igualdade de circunstâncias quer estejamos perante um reenvio interpretativo ou em apreciação de validade.

O problema suscitado por esta excepção, tal como configurada pelo TJCE, é que a decisão sobre a pertinência da norma comunitária incumbe ao juiz nacional, com todos os perigos daí decorrentes.

Com efeito, será sempre possível ao juiz do processo considerar que, do seu ponto de vista, não existe lugar para a aplicação da norma comunitária, logo não se suscitando uma questão de Direito comunitário susceptível de reenvio prejudicial.

Atendendo à jurisprudência *CILFIT*, este é, sem dúvida, um poder do juiz nacional. No entanto, o que fazer quando a decisão do juiz, nesta matéria seja incorrecta?

Por outras palavras, o que fazer quando a jurisdição nacional se recusa ilicitamente a aplicar o Direito comunitário, seja em termos substantivos, seja por desrespeito à obrigação de reenvio, por incorrecta avaliação da situação de facto e de Direito?

A solução é simples, do nosso ponto de vista. Este comportamento da jurisdição nacional configura uma situação de violação do Direito comunitário por parte de um órgão do Estado e preenche a noção de incumprimento estadual relevante para efeitos de aplicação do processo previsto no artigo 226° CE[375].

Esta solução, no entanto, é apenas parcial. Na realidade, através dela apenas se obtém a censura comunitária ao comportamento da jurisdição estadual. No que respeita à situação dos particulares afectados pelo incumprimento, a sua constatação pelo TJCE pouco virá adiantar, pois que não é liquida a forma de conciliar a obrigação de execução determinada pelo artigo 228° CE com o princípio do caso julgado.

Parece-nos, aliás, que a única forma de executar o acórdão em constatação por incumprimento nesta matéria específica será, sem vio-

---

[374] *CILFIT*, acórdão de 6 de Outubro de 1982, P 283/81, Rec 1982, 3415.

[375] Neste sentido, Barav, Ami, *La Fonction Communautaire du Juge national*, Thèse, Universidade de Estrasbourg, 1983, p. 121 sgs. O Professor Barav cita diversas Conclusões, em que esta mesma solução, o incumprimento judiciário, é referido pelo TJCE.

lação do princípio do caso julgado, a efectivação da responsabilidade do Estado por incumprimento das suas obrigações comunitárias, utilizando para o efeito a porta recentemente aberta pelo TJCE no acórdão *Francovich* e jurisprudência posterior.

Aliás, esta solução enquadra-se no espírito da jurisprudência do TJCE relativa aos efeitos do acórdão por incumprimento[376], que *"... pode consistir em estabelecer a base de uma responsabilidade em que um Estado pode incorrer, em consequência dos seus incumprimentos, relativamente aos particulares"*[377].

A segunda excepção consiste na existência de acórdão prejudicial anterior sobre a mesma matéria[378]. Por ter sido tratada esta questão no Capítulo I, na secção referente aos efeitos do acórdão prejudicial, abstemo-nos de prolongar considerações sobre ela.

Finalmente, qual o sentido atribuído à expressão "questão" incluída na formulação do artigo 234° CE?

O TJCE parece ter aderido à interpretação do termo como dificuldade ou dúvida, o que determina necessariamente a sua adesão à teoria do acto claro.

O pressuposto na base da teoria do acto claro é de que a aplicação do Direito comunitário pode, quando perfeitamente clara, não suscitar quaisquer dúvidas de interpretação no espírito do julgador. E, nesse caso, não será obrigatório proceder ao reenvio prejudicial.

O problema é delicado, na medida através da teoria do acto claro se atribui ao juiz nacional, normalmente titular numa jurisdição superior, o poder de ele próprio avaliar a sua capacidade de descernimento sobre a norma comunitária, com todos os perigos inerentes.

O TJCE aderiu a esta teoria no seu acórdão *CILFIT*[379], ainda que rodeado de algumas cautelas.

---

[376] *Humblet*, acórdão de 16 de Dezembro de 1960, P 6/60, Rec 1960, p. 1128; *Comissão c. Itália*, acórdão de 7 de Fevereiro de 1973, P 39/72, Rec 1973, p. 101.

[377] *Comissão c. Itália*, acórdão de 20 de Fevereiro de 1986, P 309/84, Rec 1986, p. ; este mesmo princípio decorre também de *Comissão c. Itália*, acórdão de 5 de Junho de 1986, P 103/84, Rec 1986, p. .

[378] *Da Costa*, acórdão de 27 de Março de 1963, P 28-30/62, Rec 1963, p. 59. *Supra*, efeitos do acórdão prejudicial.

[379] *CILFIT*, acórdão de 6 de Outubro de 1982, P 283/81, Rec 1982, 3415.

A *Eficácia Interna do Direito Comunitário*   161

Assim, quando a correcta aplicação da norma comunitária se imponha com uma tal evidência que não deixa quaisquer dúvidas, a jurisdição nacional será dispensada da obrigação de reenvio.

As cautelas assumidas pelo TJCE respeitam, então, aos critérios utilizados para testar a clareza e precisão da norma comunitária.

Esses critérios resultam dos considerandos 18 e seguintes e impõem, do nosso ponto de vista, avaliações quase que impossíveis de realizar por uma jurisdição nacional.

Não poderia ser de outro modo. Os riscos inerentes à aceitação sem reservas da teoria do acto claro no que respeita, por um lado, à uniformidade de interpretação e eplicação do Direito comunitário e à tutela jurisdicional dos direitos dos particulares por outro, seriam inaceitáveis.

5.2.2 *O reenvio prejudicial em apreciação de validade*

A interpretação literal do artigo 234° CE não estabelece qualquer diferença no poder/dever de reenviar quando estejamos perante um reenvio prejudicial iterpretativo ou um reenvio prejudicial em apreciação de validade.

No entanto, a interpretação que o próprio TJCE fez desta norma, no que respeita ao reenvio prejudicial em apreciação de validade, estabelece diferenças de regime significativas.

E se no caso do reenvio prejudicial interpretativo a jurisprudência do TJCE aponta no sentido, mais hipotético que efectivo, de alargamento dos poderes do juiz nacional, é certo que no reenvio em apreciação de validade a postura é precisamente oposta.

O estado actual do Direito comunitário nesta matéria resulta do acórdão *Fotofrost*[380].

Em *Fotofrost* o TJCE considerou que o poder das jurisdições nacionais no que respeita à apreciação de validade do acto comunitário se limita à constatação da validade. Sempre que a jurisdição nacional

---

[380] *Fotofrost*, acórdão de 22 de Outubro de 1987, 314/85, Rec 1987, p. 4199.

considere o acto comunitário inválido, deverá colocar uma questão prejudicial em apreciação de validade.

Desta forma, o TJCE reservou para si a competência para pronunciar a invalidade do acto comunitário.

A jurisprudência *Fotofrost* é, do nosso ponto de vista, extremamente criticável face à letra do artigo 234° CE.

Com efeito, em nome da uniformidade de interpretação do Direito comunitário, o TJCE retirou ao juiz nacional um poder que inegavelmente o artigo 234° CE lhe reconhece: o de inaplicar o acto comunitário que considere inválido, sem que para tal seja obrigado a colocar uma questão prejudicial, desde que não estatua em útlima instância.

Esta obrigação de reenvio existirá, a nosso ver, apenas para a jurisdição nacional que estatue em última instância no caso concreto e temos algumas dúvidas sobre a coerência da juripsrudência *Fotofrost* com a presente e passada utilização que o TJCE tem feito do artigo 41° CECA em relação ao sistema do reenvio prejudicial.

Nos termos do artigo 41° CECA o reenvio prejudicial em apreciação de validade, único por ele estabelecido, é obrigatório para qualquer jurisdição.

Ora, o Tribunal de Justição tem considerado, correctamente a nosso ver, que a sua competência prejudicial deve ser analisada no conjunto do artigo 234° CE, 150° CEEA e 41° CECA e que o sistema CE e CEEA são evoluções do sistema CECA, para daí concluir pela sua competência prejudicial interpretativa no quadro CECA[381]. Sucede que este raciocínio impõe a conclusão de que os autores do tratado CE e CEEA pretenderam, a par da consagração de uma competência interpretativa, o fim da exclusividade na apreciação de validade do acto comunitário, permitindo essa apreciação às jurisdições nacionais que não se encontrem na obrigatoriedade genérica de reenvio.

Consideramos pois que neste caso estamos perante uma interpretação *contra legem*, inadmíssivel e lamentável.

---

[381] *Busseni*, acórdão de 22 de Fevereiro de 1990, P C-221/88, Rec 1988.

CONCLUSÕES

O Direito das Comunidades Europeias, nascido com os Tratados de Paris de 1951 e de Roma de 1957 cedo se autonomizou do Direito internacional por duas ordens de razões: o contéudo dos próprios Tratados e a jurisprudência do Tribunal de Justiça.

Se, face às primeiras poderiam subsistir dúvidas quanto à sua suficiência para ditar a autonomia dogmática do Direito das Comunidades Europeias, inquestionado que é a evidência da sua autonomia sistemática, a actividade jurisprudencial do Tribunal de Justiça impôs, num curto lapso de tempo, o reconhecimento da autonomia dogmática do Direito comunitário.

O Direito comunitário assenta num conjunto de princípios fundamentais que lhe são próprios, sendo certo que os princípios estruturantes das ordem jurídica comunitária são bem característicos e diferenciados.

Estes princípios estruturantes constituem o acervo formal comunitário e neles se incluem o princípio da irreversibilidade e imperatividade do Direito comunitário, o princípio da plena eficácia da norma comunitária, que compreende o princípio do efeito directo e o princípio do primado, e o princípio da uniformidade de interpretação e aplicação do Direito comunitário.

Os compromissos comunitários são assumidos pelos Estados-membros de uma forma irreversível. De facto, mesmo atendendo às regras de Direito internacional relativas à cessação da vigência das convenções internacionais, pois que foi a partir do Direito internacional que surgiram as Comunidades Europeias, verifica-se que o elenco de causas de cessação dos Tratados que instituem as Comunidades Europeias é francamente reduzido, limitando-se à caducidade do Tratado CECA, ao consentimento das partes e, eventualmente, à alteração fundamental das circunstâncias em que as partes fundamentaram a sua vontade de contratar, relativamente a dois pressupostos fundamentais da adesão às Comunidades Europeias: a economia de mercado e o respeito pelos Direitos Fundamentais.

Ora, se é certo que as regras de Direito internacional relativas à cessação da vigência das convenções internacionais incluem em traços gerais as três situações referidas, não pode deixar de se salientar que, atendendo à natureza contratual dos actos de instituição das comunidades, não poderia deixar de lhe ser aplicável os princípios referidos, pois que integrantes da teoria do negócio jurídico.

Além disso, a alteração fundamental das circunstâncias parece tipificada a duas situações concretas e, de acordo com a proposta apresentada pela Presidência irlandesa à CIG 96, parece razoável considerar que esta alteração fundamentaria uma suspensão da vigência e não uma cessação de vigência.

Esta afirmação é consentânea com a prática comunitária, atendendo ao único exemplo que nos ocorre, o do acordo de associação com a Grécia, que viu a sua vigência suspensa durante o regime dos coroneis.

O Tribunal de Justiça, que tem o poder exclusivo de interpretar autenticamente o Direito comunitário pronunciou-se reiteradas vezes pela irreversibilidade dos compromissos comunitários, referindo, a propósito, as transferências definitivas de soberania efectuadas pelos Estados-membros mediante a assinatura dos Tratados.

Francamente associada à noção de irreversibilidade dos compromissos comunitários na jurisprudência do Tribunal de Justiça está a noção de imperatividade da norma comunitária, pelo menos numa das três vertentes em que esta deve ser analisada: a imperatividade dos compromissos comunitários para os Estados-membros.

A imperatividade deve ser analisada também nas vertentes das relações entre particulares e do respeito pelo princípio da legalidade no exercício das competências comunitárias.

A imperatividade do Direito comunitário na sua primeira vertente, quanto aos Estados-membros mais não é que um corolário do princípio da boa-fé que encontra a sua manifestação comunitária no princípio da cooperação previsto nos Tratados que instituem as Comunidades Europeias, designadamente no artigo 10º CE, artigo 86º CECA e artigo 192º CEEA.

O Direito comunitário prevê meios idóneos para garantir a sua imperatividade. Estes meios, no que respeita aos Estados-membros são a acção por incumprimento e o conjunto dos princípios do primado, da aplicabilidade directa e da uniformidade de interpretação da norma comunitária, manifesto no reenvio prejudicial em interpretação.

No que respeita às Instituições comunitárias, o Direito comunitário impõe-se através do princípio da legalidade, tutelado pela acção em anulação, pela acção em omissão e pelo reenvio prejudicial em apreciação de validade.

O princípio da plena eficácia da norma comunitária integra a doutrina do efeito útil que, pelo relevo que lhe é atribuído na jursprudência do Tribunal de Justiça consideramos ter ganho nova dignidade erigindo-se em princípio interpretativo do Direito comunitário.

Este princípio está presente na fundamentação de alguns acórdãos doutrinais, entre os quais se destaca *Van Gend en Loos*, *Simmenthal*, *Van Duyn*, *AETR* e *Grad*.

Fácil é constatar, pela simples enumeração dos processos, que o princípio do efeito útil está no cerne da formulação do princípio da aplicabilidade directa e do princípio do primado.

O princípio da aplicabilidade directa é determinante na articulação entre o Direito comunitário e o Direito interno dos Estados--membros, pois que assina o comando ao juíz nacional de aplicar, nos feitos que lhe são submetidos, as normas comunitárias pertinentes, atendendo, se necessário, ao princípio do primado, enquanto norma de solução de conflitos. A articulação entre os princípios da aplicabilidade directa e do primado encontra-se magistralmente sintetizada no acórdão *World Wildlife Fund*[382], a propósito da invocabilidade em juízo de normas de directivas: *"(...) em seguida, deve recordar-se que, nos casos em que as autoridades comunitárias tenham, através de uma*

---

[382] *World Wildlife Fund*, acórdão de 7 de Março de 1996, P C-118/94, Rec 1996, I-1223, considerando 19.

directiva, obrigado os Estados-membros a adoptar um comportamento determinado, o efeito útil desse acto ficaria enfraquecido se os particulares fossem impedidos de a invocar em juízo e os órgãos jurisdicionais nacionais de a tomar em consideração enquanto elemento do direito comunitário (acórdão de 19 de Janeiro de 1982, Becker, 8/81). Assim, em todos os casos em que as disposições de uma directiva se afigurem, do ponto de vista do seu conteúdo, incondicionais e suficientemente precisas, os particulares têm o direito de as invocar nos tribunais nacionais contra qualquer entidade do Estado-membro, quer quando a directiva não tenha sido transposta para o direito nacional dentro do prazo, quer quando tenha sido transposta incorrectamente (acórdão de 22 de Junho de 1989, Fratelli Constanzo, 103/88). Além disso, o juíz nacional encarregado de aplicar, no âmbito da sua competência, as disposições de direito comunitário tem a obrigação de assegurar o pleno efeito dessas normas não aplicando, se for necessário, por sus própria iniciativa, qualquer disposição contrária da legislação nacional, mesmo posterior, sem que tenha que pedir ou esperar a sua revogação prévia por via legislativa ou por qualquer outro procedimento constituciuonal (acórdãos de 9 de Março de 1978, Simmenthal, 106/77 e de 4 de Junho de 1992, Debus, C 13/91)."

A análise do princípio da aplicabilidade directa deve desdobrar-se por cada uma das fontes de Direito comunitário, entre as normas dos Tratados e os actos típicos previstos no artigo 249° CE.

A única fonte de Direito comunitário para a qual se prevê originariamente a invocabilidade em juízo é o Regulamento.

Esta invocabilidade em juízo foi alargada progressivamente pelo TJCE a normas dos Tratados e a normas constantes de directivas, em análises que incluem a verificação do tipo de relação subjacente.

O efeito directo reconhecido num primeiro momento a normas dos Tratados e a normas de directivas é um efeito vertical, construindo-se a fundamentação do princípio de tal forma que a aplicabilidade da norma se apresenta como uma sanção contra o incumprimento estadual.

O princípio do primado está intimamente relacionado com a aplicabilidade directa e foi construído como uma norma de solução de conflitos, sendo certo que, numa pronúncia recente o Tribunal de Justiça pareceu definir o primado como uma regra de hierarquia entre Direito comunitário e Direito interno.

No momento actual, em que por via jurisprudencial as influências comunitárias se estendem ao exercício da função jurisdicional nacional, matéria subtraida à competência estabelecida pelos Tratados, volta a ser pertinente questionar a fundamentação do princípio.

Ora, o Tribunal de Justiça mantém como fundamento do princípio do primado razões decorrentes da especificidade própria do Direito comunitário, a uniformidade de aplicação e interpretação e salvaguarda do seu efeito útil, o que se reconduz à fundamentação do princípio do primado na necessária imperatividade do Direito comunitário.

Sucede que, fundando-se as Comunidades em Tratados entre Estados, a imperatividade das obrigações neles assumidas assenta, como vimos, no princípio da boa-fé, sendo certo que as matérias incluídas na competência comunitária são aquelas que os Estados-membros pretenderam atribuir.

Assim sendo e na ausência de atribuição, expressa ou mesmo implícita, de competências na área da organização, competência e modo de exercício da autoridade jurisdicional pelos Tratados, parece que a fundamentação utilizada é insuficiente para o papel desempenhado pelo Tribunal de Justiça quando, nas suas decisões, interfere com as regras nacionais conformadoras do poder judicial.

Do princípio da aplicabilidade directa resulta que são os órgãos jurisdicionais nacionais as jurisdições comunitárias de direito comum, o que levanta o problema da eventual variação na interpretação e aplicação do Direito comunitário nos diferentes Estados-membros.

A resposta a este problema é o princípio da uniformidade de aplicação e interpretação cujo instrumento é o mecanismo do reenvio prejudicial nas suas vertentes interpretativa e de apreciação de validade.

Para além das já clássicas questões colocadas pela obrigatoriedade ou não do reenvio prejudicial, é importante analisar a questão da admissibilidade prejudicial suscitada com crescente insistência pelo Tribunal de Justiça, principalmente no que respeita à fundamentação da questão prejudicial.

Após um período inicial em que o reenvio prejudicial era admitido quase sem a verificação de quaisquer condições, o Tribunal de

Justiça manifesta actualmente a vontade de restringir a admissibilidade prejudicial pela imposição de algumas condições de admissibilidade.

Assim, resulta da jurisprudência do Tribunal de Justiça que o despacho de reenvio deve ter origem num órgão jurisdicional assim definido nos termos do conceito comunitário de jurisdição, correspondendo a uma real necessidade do juíz *ad quo*, para resolução em concreto de um litígio real perante ele pendente.

A avaliação das condições de admissibilidade pressupõe a fundamentação, de facto e de direito, do despacho que determina o reenvio, pelo que a sua inexistência ou insuficiência determina a inadmissibilidade prejudicial.

Quanto aos efeitos, há que estabelecer uma distinção entre reenvios interpretativos e reenvios em apreciação de validade. O acórdão prejudicial interpretativo, enquanto processo de ordem e interesse públicos tem eficácia *erga omnes*, o que não siginifica, no entanto, que fique excluída a possibilidade de novos reenvios interpretativos tendo como objecto normas comunitárias anteriormente interpretadas.

Desta forma, a natureza do acórdão prejudicial interpretativo não é a de caso julgado nem de caso interpretado, mas sim de caso precedente, obrigatório para qualquer jurisdição comunitária em sentido amplo, quando não pretenda suscitar a reavaliação da matéria através de novo reenvio prejudicial.

O reenvio prejudicial em apreciação de validade deve ser analisado nas duas situações possíveis de pronúncia: a pronúncia pela invalidade do acto comunitário e a pronúncia pela inexistência dos fundamentos de invalidade invocados.

A análise dos efeitos do acórdão no segundo caso é naturalmente mais fácil, pois que o Tribunal de Justiça apenas considera que do acórdão resulta a impossibilidade de nova apreciação pelos mesmos fundamentos, seja qual for a jurisdição de reenvio.

No primeiro caso a questão é mais complexa, pois que no âmbito do reenvio prejudicial o Tribunal de Justiça não tem o poder, que lhe é reconhecido no âmbito do recurso de anulação, de erradicar o acto declarado inválido da ordem jurídica comunitária.

Com base nas premissas indicadas, uma boa parte da doutrina tem sustentado a eficácia relativa dos acórdãos prejudiciais que se pronunciem pela invalidade do acto comunitário.

A solução encontrada pelo Tribunal de Justiça é, no entanto, algo diferente, na medida em que a existência de um acórdão prejudicial declarando a invalidade de um acto comunitário constitui razão suficiente para qualquer jurisdição nacional considerar o acto inválido para efeitos de uma decisão que deva tomar.

A realização da eficácia interna do Direito comunitário é uma tarefa que incumbe às jurisdições nacionais por força do princípio da aplicabilidade directa, do princípio do primado e do princípio de cooperação estabelecido no artigo 10º CE.

O primeiro dever imposto pelo Direito comunitário à jurisdição nacional no desempenho da sua função de jurisdição comunitária de direito comum é a aplicação, nos feitos que lhes sejam cometidos no âmbito das suas competências, das normas comunitárias pertinentes que sejam susceptíveis de produzir efeito directo.

Este dever de aplicar a Direito comunitário implica, em primeiro lugar, que o juíz nacional tente a conciliação entre Direito comunitário e Direito interno pela via interpretativa, na aplicação do princípio da interpretação conforme, tal como definido pelo Tribunal de Justiça.

No exercício da sua função, o juíz nacional deve, na medida do possível, interpretar e aplicar o seu Direito nacional de forma conforme às exigências do Direito comunitário, o que significa que a interpretação da norma interna passa a incluir um novo elemento interpretativo: o resultado da interpretação teleológica das normas comunitárias pertinentes.

Esta obrigação de interpretação conforme é perfeitamente aceitável nas situações em que exista uma especial relação entre o Direito comunitário e o Direito interno: quando a norma interna seja adoptada em execução de uma obrigação comunitária.

De facto, quando o Estado-membro adopta legislação no exercício dos poderes de execução que lhe são deferidos pelo Direito comunitário, é perfeitamente razoável a interpretação da norma interna tendo em vista o fim prosseguido pela norma comunitária que habilita o Estado-membro a estatuir, o mesmo acontecendo quando estão em causa normas nacionais que, sem pretenderem executar qualquer obrigação imposta pelo Direito comunitário, violem uma obrigação comunitária.

A solução da conciliação pela via interpretativa é naturalmente uma solução menos gravosa para o Direito interno que aquela imposta pelo princípio do primado, que é a inaplicação do Direito interno.

Como tal, parece razoável determinar a sua prevalência sempre que possível.

Inaceitável é que pela via da interpretação conforme se redefinam os conceitos e alcance das diversas fontes de Direito comunitário, principalmente no que respeita aos efeitos das Directivas.

O reconhecimento do efeito directo às normas incluídas em directivas tem uma natureza sancionatória: este efeito consubstancia a primeira sanção aplicada ao estado-membro incumpridor.

Nessa medida, justifica-se a interpretação conforme do acto nacional de execução ou até mesmo a aplicabilidade directa da norma da directiva contra o Estado-membro incumpridor. As mesmas razões levam, no entanto, a que se deva negar com particular ênfase a possibilidade das normas constantes de directivas produzirem efeitos horizontais.

Ora, a aplicação do princípio da interpretação conforme relativamente a normas incluídas em directivas, em litígios opondo particulares implica a produção de efeitos horizontais, o que consubstancia uma flagrante violação do princípio da segurança jurídica.

Assim sendo, é evidente que a obrigação de interpretação conforme deve sofrer limitações e que estas limitações devem ser impostas por princípios gerais de Direito: o princípio da segurança jurídica, o princípio da irretroactividade da lei penal e o princípio da tipicidade do ilícito penal.

Quando a conciliação pela via interpretativa se mostre impossível, o juíz nacional deverá, quando a norma comunitária demonstre possuir os necessários requisitos de precisão, clareza e incondicionalidade, aplicar o Direito comunitário, deixando se necessário inaplicado, qualquer norma nacional com aquele incompatível.

A incompatibilidade entre o Direito comunitário e o Direito interno pode ser estabelecida por diversas formas: pelo juíz de instân-

Conclusões

cia, no exercício dos poderes que lhe são conferidos pelo Direito comunitário, pelo Tribunal de Justiça mediante um acórdão prejudicial interpretativo e pelo Tribunal de Justiça mediante um acórdão em constatação de incumprimento.

Ao contrário da terceira, as duas primeiras soluções estão na disposição das jurisdições nacionais.

A tutela jurisdicional dos direitos subjectivos que os particulares retiram do Direito comunitário implica o acesso a uma jurisdição nacional competente para a sua realização efectiva.

Isto significa que os particulares têm o *direito ao juíz*, tanto na vertente institucional e processual como na vertente do direito probatório material.

A vertente institucional e processual implica a existência, em Direito interno de vias de direito aptas à protecção jurisdicional dos direitos sujectivos dos particulares.

A primeira situação de flagrante inexistência de via de direito ocorreu relativamente à protecção provisória dos particulares contra actos legislativos nacionais eventualmente contrários ao Direito comunitário.

O problema da inexistência de uma via de direito idónea em Direito interno foi ignorado pelo Tribunal de Justiça no seu acórdão *Factortame*[383], sem que esse facto impedisse a afirmação do princípio da protecção provisória dos direitos dos particulares contra actos legislativos.

De acordo com este princípio, o efeito útil do Direito comunitário impõe a possibilidade dos particulares obterem junto das jurisdições nacionais, que têm o poder de a conceder, protecção provisória contra actos puramente nacionais ou de execução de actos comunitários, alegadamente contrários ao Direito comunitário.

As condições do exercício desta faculdade pelas jurisdições nacionais foram estabelecidas de forma completamente diversa nos dois casos possíveis. As condições de efectivação da protecção contra

---

[383] *Factortame*, acórdão de 19 de Junho de 1990, P C-213/89, Rec 1989, p. I-24.

172 *O Juiz Nacional e o Direito Comunitário*

actos legislativos nacionais não foram estabelecidas pelo Tribunal de Justiça, que nesta matéria se furtou à interrogação efectuada pela jurisdição nacional. Em contrapartida, a outorga de protecção provisória contra actos nacionais de execução de regulamentos comunitários eventualmente inválidos, foi restrictivamente enquadrada pelo Tribunal de Justiça nos dois acórdãos sobre a matéria: *Zuckerfabrik* e *Atlanta*[384].

Do rígido enquadramento estabelecido resulta, aliás, alguma inconsistência com outra jurisprudência do Tribunal de Justiça, designadamente no que respeita à admissiblidade prejudicial em interpretação e à responsabilidade extracontratual da Comunidade.

Com efeito, é jurisprudência constante do Tribunal de Justiça que a questão prejudicial pode colocada em qualquer momento do processo perante a instância nacional, que deve, no entanto e sob pena de inadmissibilidade, colocar a questão num momento em que não tenha ainda esgotado o seu poder jurisdicional no processo.

Ora, existem sistemas jurídicos na Comunidade Europeia que incluem jurisdições cuja competência se esgota na outorga da protecção provisória, após o que devem remeter o processo a outra instância, competente para conhecer do processo quanto ao fundo.

Sucede que o regime estabelecido por *Zuckerfabrik* e *Atlanta* impõem a obrigação de, imediatamente após a concessão de protecção provisória, colocar um reenvio prejudicial em apreciação de validade, que, na situação referida, deveria ser considerado inadmissível pelo Tribunal de Justiça.

A protecção provisória contra actos nacionais de execução de regulamentos comunitários eventualmente inválidos levanta, após *Atlanta* uma outra questão. É que a protecção provisória apenas pode ser concedida quando se verifiquem alguns requisitos, entre os quais a certeza da verificação de um prejuízo grave e irreparável caso a protecção não seja concedida, sendo certo que, de acordo com o Tribunal de Justiça, as simples perdas financeiras não são um prejuízo grave e irreparável.

---

[384] *Zuckerfabrik,* acórdão de 21 de Fevereiro de 1991, P C-143/88 & C-92/89, Rec 1991, p. 534; *Atlanta*, acórdão de 9 de Novembro de 1995, P C-465/93, Rec 1995, p. I-3761.

Conclusões 173

Não são, naturalmente, quando possam ser reparados os prejuízos dessa natureza quando se verifiquem realmente e exista uma via de direito idónea para o seu ressarcimento.

Ora, existe uma via de direito perante o Tribunal de Justiça apta à efectivação da responsabilidade extracontratual da Comunidade, na qual se enquadra a responsabilidade pelos danos causados pelos actos comunitários com natureza normativa: a acção prevista no artigo 235º e 288º §2 do Tratado CE.

No entanto, a jurisprudência do Tribunal de Justiça é francamente restrictiva nesta matéria, pelo que a sua aplicação aos casos concretos raramente traduz a efectivação da responsabilidade da Comunidade, tornando-se assim o prejuízo financeiro um prejuízo irreparável, ao contrário do que afirma o Tribunal de Justiça.

A segunda situação em que as vias de direito existentes em Direito interno se revelaram insuficientes para uma tutela jurisdicional eficaz dos direitos subjectivos que os particulares fundamentam no Direito comunitário é o contencioso da repetição do indevido.

A problemática da repetição do indevido não surge com o Direito comunitário. Com efeito, o princípio da repetição do indevido é comum ao direito civil e ao direito público e tem tradição nos ordenamentos jurídicos ocidentais.

Sucede porém que a sua apropriação pelo Direito comunitário suscita algumas questões, na medida em que a ilicitude ou inexistência do título jurídico da percepção passa a ter uma causa comunitária.

O contencioso da repetição do indevido desenvolve-se em quatro grandes áreas: a cobrança ilícita de receitas estaduais, a cobrança ilícita de receitas comunitárias, a percepção ilícita de valores com base em actos comunitários inválidos e a concessão ilícita de auxílios públicos.

Finalmente, a terceira vertente em que as vias de direito existentes em Direito interno se revelaram ineficazes foi na matéria de responsabilidade do Estado.

A responsabilidade do Estado-membro pela violação do Direito comunitário é uma questão presente nas discussões doutrinais há já algumas décadas e a que o Tribunal de Justiça foi, desde meados da década de 70, fazendo referências esporádicas.

Só no início dos anos 90 a questão começou a ser tratada, a propósito do contencioso das Directivas.

O regime da responsabilidade do estado pela falta de transposição de directivas resulta de um conjunto de acórdãos do Tribunal de Justiça pronunciados desde 1991 até à actualidade.

Pelo essencial, o Estado deve responder pelos danos que causar aos particulares quando a directiva violada tenha por objectivo conferir direitos aos particulares, que o conteúdo desses direitos possa determinar-se a partir da directiva violada e que exista um nexo de causalidade entre a violação do Direito comunitário cometida pelo Estado e o prejuízo sofrido pelo particular, o que significa, em ultima análise, que as normas da directiva que identifiquem o direito e o seu titular devem ser claras, precisas e incondicionadas, o que é o mesmo que dizer que devem ser directamente aplicáveis.

Após a primeira pronúncia do Tribunal de Justiça nesta matéria surgiram rapidamente diversos processos em que a questão da responsabilidade do Estado era suscitada, agora em situações diversas da completa falta de transposição pontual de directivas.

Com efeito, um conjunto de reenvios prejudiciais entrados no Tribunal de Justiça entre 1993 e 1994 proporcionaram o desenvolvimento do regime da responsabilidade do estado pela violação do Direito comunitário algumas das diversas variantes ou categorias em que essa mesma violação se pode decompôr: responsabilidade pela incorrecta transposição de directivas e responsabilidade pela violação de normas do tratado pelo poder legislativo nacional, por acção e por omissão.

A inexistência de uma via de direito apta a realizar a responsabilidade do Estado por actos legislativos foi apontada nas conclusões do advogado-geral sem que, no entanto, esse facto fosse considerado particularmente importante. No acórdão correspondente, a questão mereceu apenas um parágrafo.

A partir do conjunto de acórdãos relativos aos processos entrados entre 1993 e 1994, é possível determinar um regime da responsabilidade do Estado pela violação do Direito comunitário.

Assim, o Estado-membro tem a obrigação de indemnizar os danos sofridos pelos particulares quando exista um nexo de causalidade entre

Conclusões

o dano sofrido pelo particular e uma violação suficientemente caracterizada do Direito comunitário cometida por ele cometida.

O regime apontado pretende harmonizar o regime da responsabilidade do Estado e da responsabilidade extracontratual da Comunidade pelos actos ilícitos cometidos no exercício da actividade legislativa.

O conceito chave na determinação da responsabilidade do estado é o conceito de violação caracterizada. O Tribunal de Justiça definiu-a como sendo uma violação manifesta e grave, deixando às jurisdições nacionais a consideração da violação em concreto para o seu enquadramento no conceito. Apontou, no entanto, alguns critérios auxiliares: o grau de clareza ou precisão da norma comunitária violada, a intencionalidade da violação ou do prejuízo, a verificação de erro de direito desculpável e a existência de jurisprudência do Tribunal de Justiça sobre a matéria.

Os diversos critérios apontados como indiciando a existência de violação caracterizada reconduzem-se, na sua totalidade, à clareza e precisão da norma comunitária violada, o que, adicionado ao pré--requisito da existência de um direito subjectivo do particular, fundado na norma comunitária violada, que foi objecto de lesão, leva a que se conclua que existe obrigação de indemnizar quando a norma comunitária violada tenha por objecto criar direitos a favor dos particulares e seja precisa e incondicionada. Ora, desde 1962 que as normas comunitárias que criem direitos a favor dos particulares, sejam claras precisas e incondicionadas, são consideradas como normas directamente aplicáveis.

Assim sendo, não pode deixar de se concluir que apenas existe, no estado actual do Direito comunitário, obrigação de indemnizar quando a norma comunitária violada é uma norma directamente aplicável.

O conteúdo da obrigação de indemnizar, nos casos em que o comportamento estadual seja de molde a criar a responsabilidade do Estado, deverá ser determinado pelo Direito interno. As modalidades e condições de efectivação da responsabilidade do Estado não podem, no entanto, ser menos favoráveis que as aplicáveis a situações análogas de natureza puramente interna, nem ser de molde a tornar na prática impossível ou excessivamente difícil a obtenção da indemnização.

176   *O Juiz Nacional e o Direito Comunitário*

Os poderes comunitários do juíz nacional estão limitados pelo próprio Direito comunitário e pelo Direito interno, face ao enunciado do princípio da autonomia processual e institucional dos Estados-membros.

De acordo com o princípio da autonomia institucional e processual, compete à ordem jurídica interna de cada um dos Estados-membros definir as jurisdições competentes e regular as formas processuais de acção em juízo destinadas a assegurar a salvaguarda dos direitos que os particulares retiram das normas comunitárias.

A autonomia institucional e processual está estrictamente balizada pela jurisprudência do Tribunal de Justiça. Dela não poderá resultar a inexistência de uma via de direito apta para a realização da protecção jurisdicional dos particulares, não poderá resultar a limitação dos poderes da jurisdição nacional na apreciação da matéria de facto e de direito, não poderá efectuar-se de forma menos favorável que os feitos semelhantes de natureza interna, nem poderá impedir a jurisdição nacional de livremente conhecer, oficiosamente, da violação da norma comunitária, ainda que tal argumento não tenha sido deduzido pelas partes.

Os poderes das jurisdições nacionais enquanto jurisdições comunitárias de direito comum são também limitados pelo próprio Direito comunitário: são as situações de reenvio prejudicial obrigatório nos termos do artigo 234º CE e da jurisprudência que o interpretou.

A limitação imposta às jurisdições nacionais em sede de reenvio interpretativo, atendendo à relativa clareza do artigo 234º CE e mesmo à interpretação *CILFIT*, na medida em que, ainda que de forma incipiente, reduz a limitação imposta ao juíz nacional no exercício da sua função comunitária, não suscita questões de maior.

O mesmo não se pode afirmar relativamente ao reenvio em apreciação de validade. É que o artigo 234º não estabelece qualquer diferença entre a obrigação de reenvio interpretativo e reenvio em apreciação de validade.

A diferença de regime foi estabelecida a partir do conjunto de acórdãos *CILFIT* e *Fotofrost*, de resto amplamente criticados pela doutrina.

Quanto ao segundo, no nosso entender francamente mais criticável que o primeiro, saliente-se que por seu intermédio as jurisdições nacionais se viram privadas do poder de considerar o acto comunitário como inválido, em manifesta contradição com o resultado apresentado pelo elemento literal do referido artigo 234º CE.

Além disso, deve ainda considerar-se o regime de reenvio estabelecido no Tratado CECA, que, tal como o Tribunal de Justiça afirmou, foi um regime foi aperfeiçoado pelos autores nos Tratados CE e CEEA. Esta noção de aperfeiçoamento serviu os propósitos do Tribunal de Justiça no sentido de alargar ao quadro CECA a sua competência prejudicial interpretativa e parece no mínimo inconsequente e contraditório que o argumento perca a sua validade quando se trata de interpretar o reenvio prejudicial em apreciação de validade previsto no Tratado CE e CEEA.

Ora, a exaustão do argumento, neste caso, levaria precisamente a negar a interpretação perversa que o Tribunal de Justiça efectuou em *Fotofrost* e a reforçar a interpretação resultante do elemento literal do artigo 234º.

Após a análise de perto de duas centenas de acórdãos do Tribunal de Justiça sobre matérias relativas à competência das jurisdições nacionais enquanto jurisdições comunitárias, é clara a resposta afirmativa à primeira das questões fundamentais apontadas no início deste estudo: terá o Direito comunitário em geral e a jurisprudência do Tribunal de Justiça em particular alterado de forma perceptível os diversos enquadramentos nacionais do exercício da função jurisdicional nacional?

Por responder fica a segunda questão, que no início se apontou como mera suposição: terá a Comunidade e concretamente o Tribunal de Justiça poder para esse efeito?

Esta é uma questão que não se inclui no objectivo científico do presente estudo, como não se inclui a questão da compatibilização e articulação das suas conclusões e o ordenamento jurídico português.

A tarefa de responder a estas duas questões é deixada em aberto e um apelo para a sua análise é feito aos estudiosos da Ciência Jurídica em Portugal.

Fica a intenção de, na primeira oportunidade, tentar desenvolver essa tarefa.

Como síntese das conclusões deste estudo limitamo-nos a citar a prosa lapidar do Advogado-geral Giuseppe Tesauro:

> "A cet égard, du reste, il faut bien préciser que le problème de la détermination d'une voie juridictionnelle de recours qui n'est pas encore prévue ou admise dans les sistèmes juridiques des États membres n'est ni insurmontable, ni nouveau. Il ne l'est pas en raison des données spécifiques des cas visés en espèce, mais également parce que la Cour l'a déjà surmonté dans certains passages historiques et incontestés de sa jurisprudence"[385].

---

[385] Conclusões Giuseppe Tesauro, *Brasserie du Pechêur*, ponto 43.

BIBLIOGRAFIA GERAL

TRATADOS E COMENTÁRIOS AOS TRATADOS

Louis, J. V., Vandersanden, G., Waelbroeck, D., & Waelbroeck M., Commentaire Megret, Le Droit de la CEE, Vol X, La Cour de Justice, Les actes des institutions, 2ª Edição, Collection Études Européennes, Université de Bruxelles, 1993

Constantinesco, V., Jacqué, J. P., Kovar, R. & Simon, D., Traité instituant la CEE, Economica, Paris, 1992

Gomes, José Caramelo & Fernandes, José Augusto Pereira, Enquadramento jurídico da União Europeia, Petrony, Lisboa, 1994

Tizzano, António, Vilaça, José Luis & Gorjão-Henriques, Miguel, Código da União Europeia, Almedina, 1997

MANUAIS E TESES

Barav, A., La fonction communautaire du juge national, Thèse, Estrasbourg, 1983

Bebr. G., Development of judicial control of the European Communities, Nijhof, 1981

Bergerès, Contentieux communautaire, PUF, 1989

Boulois, Droit institutionnel des Communautés Européennes, Montcherstein, 4ª Edição, 1993

Boulois & Chevalier, Grands arrêts de la Cour de Justice des Communautés Européennes, tome I, 5ª Edição, Dalloz 1990

Bredimas, A.., Methods of interpretation and Community Law, North Holland, 1978

Brown, L. N., The Court of Justice of European Communities, Swet & Maxwell, 3ª Edição, 1989

Campos, J. M., Direito comunitário, volume I e II, 7ª e 4ª Edição, Gulbenkian, Lisboa

Catalano, Manuel de Droit des Communautés Européennes, Dalloz & Sirey, 1965

Colin, Le governement des juges dans les Communautés Européennes, LGDL, Paris, 1966

Collins, L., European Community Law in the United Kingdom, Butterworths, 4ª Edição, 1990

Comissão das Comunidades Europeias, Trinta anos de Direito comunitário, Bruxelas

Condorelli Braun, Commissaires et juges dans les Communautés Européennes, LGDJ, Paris, 1972

Constantinesco, V., Compétences et pouvoirs dans les Communautés Européennes, LGDJ, Paris, 1974

Constantinides-Maigret, Le droit de la Communauté Économique Européenne et l'ordre juridique des Etats membres, LGDJ, Paris, 1967

Dinh, N. Q., Patrick Daillier & Allain Pellet, Droit International Public, 4ª Edição, LGDJ, Paris 1993

Donner, A., The role of the lawyer in the European Communities, Edinburgh, 1968

Gaudet, Conflits du Droit Communautaire avec les Droits nationaux, Nancy, 1967

Hartley, T. C., The foundations of European Comunity Law, 2ª Edição, Oxford, 1988

Isaac, G. Droit Communautaire général, 3ª Edição, Masson, 1990

Jacot Guilarmod, Le juge national face ao Droit Communautaire, Bruylant, 1993

Joliet, R., Le Droit institutionnel des Communautés Européennes, Le contentieux, Liége, 1981

Kapteyn, P. J. C. & Verloren van Themaat, P., Introduction to the law of the European Communities after coming into force of the Single European Act, Kluwer & Graham & Trotman, 1989

Lasok, D., & Bridge, J., Introduction to the law and institutions of the European Communities, 5ª Edição, Butterworths, 1991

Lecourt, L'Éurope des Juges, Bruylant, Bruxelas, 1976

Louis, J. V., A Ordem jurídica comunitária, 6ª Edição, Comissão das Comunidades Europeias, Bruxelas

Mackenzie-Stuart, The European Communities and the rule of law, Stevens & Sons, 1977

Mann, C. J., The foundation of judicial decisions in European Economics Integration, Nijhoff, 1972

Mathijsen, A guide to European Community law, Swet & Maxwell, 5ª Edição, 1990

Neri, La protection juridictionnelle des particuliers dans les Communautés Européennes, UGA, 1965

Ormand, La notion d'effet utile des traités communautaires dans la jurisprudence de la Cour de justice des Communautés Européennes, Paris I, Tese, 1975

Pereira, A. G. & Fausto de Quadros, Manual de Direito Internacional Público, 3ª Edição, Almedina, Coimbra, 1994

Pescatore, Le droit de l'integration, Sijhof, 1972

Plender & Usher, Cases and materials on the Law of the European Communities, Butterworths, 2ª Edição, 1989

Bibliografia Geral

Plouvier, Les décisions de la Cour de Justice des Communautés Européennes et leurs effets juridiques, Larcier, Bruxelas, 1978

Rideau, Les juridictions internationales et contrôle du respect des traités constitutifs des organisations internationales, LGDJ, Paris, 1969

Saint-Esteben, Droit Communautaire et Droits nationaux, PUF, Paris, 1967

Schemers, H. G. & D. Walbroek, Judicial protection in the European Communities, 4ª Edição, Kluwer, 1987

Simon, D. L'interprétation judiciare des traités d'organisations internationales, Pedone, Paris, 1981

Steiner, J., Textbook on EEC Law, Blackstone Press, 1993

Suy, Les raports entre le Droit Communautaire et le droit interne des Etats membres, UGA, 1965

Torreli, L'individu et le droit de la Communauté Économique Européenne, Montreal, 1970

Toth, A. G., Legal protection of individuals in the European Communities, North Holland, 1978

Usher, J. European Community law and international law, the irreversible transfer?, George Allen & Unwin, 1981

Vandersanden & Barav, Contentieux Communautaire, Bruylant, Bruxelas, 1977

Walbroeck, Traités internationaux et juridictions internes dans les pays du marché commun, Bruxelas, 1969

Walbroeck, Louis & Vandersanden, Le droit de la Communauté Économique Européenne, Vol X: La Cour de justice. Les actes des institutions, 2ª Edição, Bruxelas, 1993.

ARTIGOS

Arnull, Does the Court of Justice have inherent jurisdiction?, CMLR 1990, p. 683

Barav, A. Le commisaire du gouvernement près le Conseil d'etat francais et l'Avocat général près de la Cour de Justice des Communautés Européennes, RIDC, 1974, p. 809

Barav, A., The Court of Justice of the European Communities, in Shetreet, The rôle of courts in Society, Nijhof, 1989, p. 390

Barav, A., La plénitude de compétence du juge national en sa qualité de juge communautaire, in L'Europe et le Droit, Mélanges Jean Boulouis, Dalloz, Paris, 1991

Batailler, Le juge interne et le droit communautaire, AFDI, 1963, p. 735

Borgsmidt, The Advocate General at the European Court of Justice: A comparative study, ELR, 1988, p. 106

Boulouis, A propos de la fonction normative de la jurisprudence: Remarque sur l'oeuvre jurisprudentielle de la Cour de Justice des Communautés Européennes, in Mélanges Walline, LGDJ, Paris 1975, p. 149

Chevalier, Methodes and reasoning of the European Court in its interpretation of Community Law, CMLR, 1964, p. 21

Constantinesco, La spécificité du Droit Communautaire, RTDE, 1966, p. 1

Darmon, Juridictions constitutionnelles et Droit Communautaire, RTDE, 1988, p. 217

Delvolve, Le pouvoir judiciaire et le traité de Rome ou la diplomatie des juges, JCP, Doctrine, 1968, nº 2184

Deringer, Rapport fait au nom de la Comissão juridique du Parlement Européen sur la protection juridique des personnes privées dans les Communautés Européennes, 1967/68, nº 39

Diez de Velasco, La compétence consultative de la Cour de Justice des Communautés Européennes, in Mélanges Pescatore, p. 177

Donner, The constitutional powers of the Court of Justice of the European Communities, CMLR, 1974, p. 127

Everling, The Court of Justice as a decision-making authority, Michigan Law Revue, 1984, p. 1294

Ferstenbert, L'application du Droit Communautaire et la situation constitutionnelle du juge national, RTDE, 1979, p. 32

Glamot, Réflexions sur le recours au droit comparé par la Cour de Justice des Communautés Européennes, RFDA, 1990, p. 255

Ganshof van der Meersch, L'ordre juridique des Communautés Européennes et le Droit International, RCADI, 1975, p. 1

Gomes, José Caramelo, A eficácia interna do Direito Comunitário, relatório de Mestrado, Faculdade de Direito da UCP, 1995

Gomes, José Caramelo, O contencioso dos auxílio públicos, relatório de Mestrado, Faculdade de Direito da UCP, 1995

Gori, L'Avocat général à la Cour de Justice des Communautés Européennes, CDE, 1976, p. 375

Grevisse et Bonichot, Les incidences du Droit Communautaire sur l'organisation et l'exercice de la fonction juridictionnelle dans les États membres, in Mélanges Boulouis, L'Europe et le Droit, p. 297

Grevisse et Bonichot, Les incidences du Droit Communautaire sur l'organisation de la Cour de Justice des Communautés Européennes, AFDI, 1974, p. 905

Hammes, Le Droit des Communautés EuropéennesCommunautés Européennes sous l'aspect de son application juridictionnel, Revue de l'Université de Bruxlles, 1962, p. 253

Joliet, R., Le systéme de protection juridictionnelle dans la CEE, Dalloz-Sirey, 1985, Chronique, p. 65

Kovar, Le Droit des personnes privées à obtenir devant la Cour de Justice des Communautés le respect du Droit Communautaire par les Etats membres, AFDI, 1966, p. 509

Kovar, Les compétences des Communautés Européennes, JCE, Fasc. 420

Kovar, Cour de Justice, JCE, Fasc. 320

Lagrange, Les obstacles constitutionnels à l'integration européenne, RTDE, 1969, p. 240

Lecourt, La Cour de Justice des Communautés Européennes vue de l'intérieur, in Mélanges H. Kutscher, p. 261

Lecourt, Le rôle unificateur du juge dans la Communauté, in Mélanges Teigen, p. 223

Lecourt, La protection juridictionnelle des personnes en Droit Communautaire, Dalloz--Sirey, 1967, Chronique XIII, p. 51

Lenaerts, Some reflections on the separation of powers in the European Community, CMLR, 1991, p. 11

Lenz, The Court of Justice of the European Communities, ELR, 1989, p. 127

Mackenzie Stuart, The European Court, A personal view, in In Memoriam J. D. B. Mitchell, Sweet & Maxwell, 1983, p. 118

Mackenzie Stuart & J. P. Warner, Judicial decision as source of Community Law, in Mélanges H. Kutscher, 1981, p. 273

Megret, Les droits propres des personnes en droit communautaire et leur prorection par les juridictions des Etats membres, JDI 1976, p.367

Mertens de Wilmars, L'efficaité des différents techniques nationales de protection juridique contre les violations du droit communautaire par les autorités nationales et les particuliers, CDE, 1981, p.379

Mertens de Wilmars, Le rôle de la Cour de Justice dans l'evolution du droit européen, JT, 1982, p 115

Olmi, Les raports entre Droit Communautaire et Droit national dans les arrêts des juridictions supérieures des Etats membres, RMC 1981, p. 178

Olmi, Les hautes juridictions nationales, juges du Droit Communautaire, in Mélanges Pescatore, p. 499

Pescatore, Aspects judiciaires de l'acquis communautaire, RTDE, 1981, p. 617

Pescatore, La carence du législateur communautaire et le devoir du juge, in Mélanges Constantinesco, 1983, p. 539

Pescatore, Les objectifs de la Communauté Européenne comme principe d'interpretation dans la jurisprudence de la Cour de Justice, in Mélanges Ganshof van der Meersch, vol. 2, p. 325

Pescatore, Le recours dans la jurisprudence de la Cour de Justice des Communautés Européennes à des normes déduits de la comparaison des droits des Etats membres, RIDC, 1980, p. 337

Rideau, Constitution et Droit International dans les Etats membres des Communautés Européennes, Revue Francaise de Droit constitutionnel, 1990, p. 259

Rideau, Le contentieux de l'application du droit communautaire par les puvoirs publics nationaux, Dalloz-Sirey, 1974, Chronique XIX, p. 147

Rideau, Le rôle des Etats membres dans l'application du Droit Communautaire, AFDI, 1972, p. 864

Schermers, The European Court of Justice: A promoter of European integration, AJCL, 1974, p. 444

Sieglerschmidt, La responsabilité de la Cour de Justice des Communautés Européennes en matière d'application uniforme du Droit Communautaire dans les Etats membres, PE, 1981/2, doc n° 1414/81

Slynn, The Court of Justice of the European Communities, ICLQ, 1984, p. 409

Tizzano, La Cour de Justice et l'Act unique européen, in Mélanges Pescatore, p. 691

Toth, The individual and European Law, ICLQ 1975, p. 659

Van Gerven, Legal protection of private parties in the law of the European Economic Community, in FG Jacobs, European Law and individual, NorthHolland, 1976, p. 1

Waelbroeck, L'immédiateté communautaire, caractéristique de la supranationalité, in Le droit international demain, La Haye, 1974, p. 86

Waelbroeck, Le rôle de la Cour de Justice dans la mise en oeuvre du traité CEE, CDE, 1982, p. 347

Wyatt, New legal order or old ?, ELR 1982, p 147.

LISTA CRONOGRÁFICA DE ACÓRDÃOS

26/62, Van Gend en Loss, Rec 1963, p. 3
6/64, Costa c. ENEL, Rec 1964, p. 1143
57/65, Lutticke, Rec 1966, p. 294
27/67, Fink, Rec 1968, p. 328
28/67, Molkerei-Zentral, Rec 1968, p. 360
34/67, Luck, Rec 1968, p. 212
13/68, Salgoil, Rec 1968, p. 212
40/69, Bollmann, Rec 1970, p. 69
30/70, Scheer, Rec 1970, p. 1197
33/70, Sace, Rec 1970, p. 1213
43/71, Politi, Rec 1971, p. 1039
48/71, Comissão v. Itália, Rec 1972, p. 529
84/71, Marimex, Rec 1972, p. 89
93/71, Leonésio, Rec 1972, p. 287
21 a 24/72, International Fruit, Rec 1972, p. 1219
39/72, Comissão v. Itália, Rec 1973, p. 101
77/72, Capolongo, Rec 1973, p. 611
9/73, Schluter, Rec 1973, p. 1135
34/73, Variola, Rec 1973, p. 981
146/73, Rheinmuhlen, Rec 1974, p. 139
2/74, Reyners, Rec 1974, p. 631
36/74, Union Cycliste Internationale, Rec 1974, p. 1405

41/74, Van Duyn, Rec 1974, p. 1337
43/75, Defrenne, Rec 1976, p. 455
87/75, Bresciani, Rec 1976, p. 129
51/76, Nederlandese Ondernemingen, Rec 1977, p. 113
38/77, Enka, Rec 1977, p. 2203
106/77, Simmenthal, Rec 1978, p. 629
148/78, Ratti, Rec 1979, p. 1629
88/79, Grunet, Rec 1980, p. 1827
102/79, Comissão v. Bélgica, Rec 1980, p. 1473
815/79, Cremonini, Rec 1980, p. 3583
108/80, Kugelmann, Rec 1981, p. 433
270/80, Polydor, Rec 1982, p. 329
8/81, Becker, Rec 1982, p. 53
17/81, Pabst, Rec 1982, p. 1331
96/81, Comissão v. Pays Bas, Rec 1982, p. 1791
104/81, Kupferberg, Rec 1982, p. 3641
255/81, Grendel, Rec 1982, p. 2301
301/81, Comissão v. Bélgica, Rec 1983, p. 467
126/82, Smit Transport, Rec 1983, p. 73
145/82, Comissão v. Itália, Rec 1983, p. 711
271/82, Auer, Rec 1983, p. 2727

186 O Juiz Nacional e o Direito Comunitário

5/83, Reinks, Rec 1983, p. 4233

70/83, Kloppenburg, Rec 1984, p. 1075

248/83, Comissão v. RFA, Rec 1985, p. 1474

301/83, Clin-Midy, Rec 1984, p. 251

29/84, Comissão v. RFA, Rec 1985, p. 1661

152/84, Marshall, Rec 1986, p. 723

205/85, Comissão v. RFA, Rec 1987, p. 4045

236/85, Comissão v. Pays Bas, Rec 1987, p. 3989

239/85, Comissão v. Bélgica, Rec 1986, p. 3645

247/85, Comissão v. Bélgica, Rec 1987 p. 3029

262/85, Comissão v. Itália, Rec 1987, p. 3073

363/85, Comissão v. Itália, Rec 1987, p. 1773

372.374/85, Traen, Rec 1987, p. 2141

12/86, Demirel, Rec 1987, p. 3719

14/86, Pretore de Salo, Rec 1987, p. 2545

24/86, Balizot, Rec 1988, p. 379

80/86, Nijmegen, Rec 1987, p. 3969

104/86, Commision v. Itália, Rec 1988, p. 1799

225/86, Comissão v. Itália, Rec 1988, p. 2271

257/86, Comissão v. Itália, Rec 1988, p. 3249

309/86, Comissão v. Itália, Rec 1988, p. 3249

312/86, Comissão c. França, Rec 1988, p. 6315

322/86, Comissão v. Itália, Rec 1988, p. 3995

22/87, Comissão v. Itália, Rec 1989, p. 143

80/87, Dik, Rec 1988, p.1601

190/87, Moorman, Rec 1988, p. 4689

207/87, Weissgerber, Rec 1988, p. 4433

C-339/87, Comissão v. Pays-Bas, Rec 1990, p. I-851

C-360/87, Comissão v. Itália, Rec 1991, p. I-791

C-102/88, Ruzius-Wilbrink, Rec 1989, p. 4311

103/88, Constanzo, Rec 1989, p. 1839

C-131/88, Comissão v. RFA, Rec 1991, p. I-1825

170/88, Ford Espagna, Rec 1989, p. 2305

C-208 & 207/88, Vessosso v. Zanetti, Rec 1990, p. I-1461

221/88, Busseni, Rec 1990, p. I-495

C-322/88, Grimaldi, Rec 1990, p. I-5567

C-361/88, Comissão v. RFA, Rec 1991, p. I-2567

C-38/89, Blanguermon, Rec 1990, p. I-83

C-59/89, Comissão v. RFA, Rec 1991, p. I-2607

C-106/89, Marleasing, Rec 1990, p. I-4135

C-184/89, Nimz, Rec 1991, p I-297

C-188/89, Foster, Rec 1990, p. I-3313

C-192/89, Sevince, Rec 1990, p. I-3461

C-345/89, Stoeckel, Rec 1991, p. I-4047

C-18/90, Kziber, Rec 1991, p. I-199

C-19 & 20/90, Karella, Rec 1991, p. I-2691

C-64/90, Comissão c. França, Rec 1991, p. I-4335

C-190/90, Comissão v. Pays-Bas, Rec 1992, p. I-3265

C-208/90, Emmot, Rec 1991, p. I-4269

C- 156/91, Hansa Fleisch, Rec 1992, p. I-5567

C-191/91, Comissão v. Pays-Bas, Rec 1992, p. I-5889

13/68, Salgoil, Rec 1968, p. 662

158/80, Croisiéres de beurre, Rec 1981, p. 1801

14/83, Von Colson & Kamann, Rec 1984, p. 1891

179/84, Bozzetti, Rec 1985, p. 2031

Lista Cronográfica de Acórdãos

222/84, Johnston, Rec 1986, p. 1651

157/86, Murphy, Rec 1988, p. 673

222/86, Heylens, Rec 1987, p. 4097

177/88, Dekker, Rec 1990, p. I-3941

C-143/88 & 92/89, Zuckerfabrik, Rec 1991, p. I-415

C-213/89, Factortame, Rec 1990, p. I-2433

C-271/91, Marshall, Rec 1993, p. I-4367

6/60, Humblet, Rec 1960, p. 1125

34/67, Luck, Rec 1968, p. 360

84/71, Marimex, Rec 1972, p.89

93/71, Leonésio, Rec 1972, p. 287

39/72, Comissão v. Itália, Rec 1973, p. 101

70/72, Comissão v. RFA, Rec 1973, p. 813

167/73, Code de Travail Maritime, Rec 1974, p. 359

69/75, Russu v. AIMA, Rec 1976, p.45

33/76, Rewe, Rec 1976, p. 1989

45/76, Comet, Rec 1976, p. 2043

77/76, Cucchi, Rec 1977, p. 987

106/77, Simmenthal, Rec 1978, p. 629

159/78, Agents en douane, Rec 1979, p. 3247

177/78, MacCarren, Rec 1979, p. 2161

265/78, Ferwerda, Rec 1980, p. 617

61/79, Denkavit, Rec 1980, p. 1205

68/79, Hans Just, Rec 1980, p. 501

119 & 126/79, Lippische Hauptgenossenschaft, Rec 1980, p. 1863

130/79, Express Dairy Foods, Rec 1980, p. 1887

811/79, Ariete, Rec 1980, p. 2545

826/79, Mireco, Rec 1980, p. 2559

66/80, International Chemical Corporation, Rec 1981, p. 1191

127 & 128/80, Salumi, Rec 1980, p. 1237

54/81, Fromme, Rec 1982, p. 1449

113/81, Reichlet, Rec 1982, p. 1957

146, 192 & 193/81, Baywa, Rec 1982, p. 1503

82/82, Ditta Itagrani, Rec 1982, p. 4323

205 & 215/82, Deustch Milchkontor, Rec 1983, p. 2633

199/82, San Giorgio, Rec 1983, p. 3595

222/82, Lewis, Rec 1983, p. 4083

187 & 190/83, Nordbutter, Rec 1984, p. 2553

299/84, Neumann, Rec 1985, p. 3663

309/84, Comissão v. Itália, Rec 1986, p. 599

168/85, Comissão v. Itália, Rec 1986, p. 2945

309/85, Barra, Rec 1988, p. 355

331, 336 & 337/85, Bianco, Rec 1988, p. 1099

104/86, Comissão v. Itália, Rec 1988, p. 1799

154/86, Comissão v. Itália, Rec 1987, p. 2717

240/86, Comissão v. Grécia, Rec 1988, p. 1835

94/87, Comissão v. RFA, Rec 1989, p. 175

C-142/87, Bélgica v. Comissão, Rec 1990, p. I-959

240/87, Deville, Rec 1988, p. 3513

C-287/87, Comissão v. Grécia, Rec 1990, p. I-125

C-301/87, França v. Comissão, Rec 1990, p. I-307

386/87, Bessin & Salson, Rec 1989, p. 3551

C-175/88, Biehl, Rec 1989, p. I-1779

170/88, Ford Espagne, Rec 1989, p. 2305

C-263/88, Comissão c. França, Rec 1990, p. I-4611

C-303/88, Itália v. Comissão, Rec 1991, p. I-1433

C-5/89, Comissão v. RFA, Rec 1990, p. I-3437

C-184/89, Nimz, Rec 1991, p. I-297

C-228 & 229/90, Simba, Rec 1992, p. I-3715

C-6 & 9/90, Francovich, Rec 1991, p. I--5357

C-183/91, Comissão v. Grece, Rec. 1993, p. I-3131

C-197/91, Frutticolori, Rec 1993, p. I--2639

C-91/92, Faccini Dori, Rec 1993

C-157/92, Pretore di Genova

C-334/92, Wagner Miret, Rec 1993

C-386/92, Monin

C-46/93, Brasserie du Pêcheur, Rec 1996

C-48/93, Factortame III, Rec 1996

C-312/93, Peterbroeck, Rec 1995,

C-348/93, Comissão c. Itália, Rec 1995

C-350/93, Comissão c. Itália, Rec 1995

C-392/93, British Telecommunications plc, Rec 1996

C-430 e C 431/93, Van Schijndel e Kraaijveldan Veen, Rec 1995

C-465/93, Atlanta, Rec 1995,

C-71/94 a C-73/94, Beiersdorf, Rec 1996

C-118/94, World Wildlife Fund, Rec 1996

C-178/94 C-179/94 C 188/94 e C-190/94, Erich Dillenkofer e. o. (Agences de voyages), Rec 1996,

C-192/94, El Corte Inglés, Rec 1996

C-232/94 , MPA, Rec 1996,

C-283/94 C-291/94 & C-292/94, Denka-vit International, Rec 1996,

C-66/95, Sutton, Rec 1997

C-168/95, Arcaro, Rec 1996

C-326/95, Banco de Fomento Exterior, Rec 1996, I-1385

ÍNDICE REMISSIVO DE ACÓRDÃOS CITADOS

CASES

Adlerblum, acórdão de 17 de Dezembro de 1975, P 93/75: 96

AETR, acórdão de 31 de Março de 1971, P 22/70: 51; 55

Amylum, acórdão de 5 de Dezembro de 1979, P apensos 116/77 e 124/77: 158

Arcaro, acórdão de 26 de Setembro de 1996, P C 168 /95: 132; 133

Ariete, acórdão de 10 de Junho de 1980, P 811/79: 163

Atlanta, acórdão de 9 de Novembro de 1995, P C-465/93: 147; 157; 301

Banco de Fomento Exterior, despacho de 13 de Março de 1996, P C 326/95, Rec 1996, I-1385: 93

Barber, acórdão de 17 de Maio de 1990, P C-262/88: 107

Becker, acórdão de 19 de Janeiro de 1982, P 8/81: 76; 189

Beiersdorf, acórdão de 11 de Julho de 1996, P apensos C-71/94 a C-73/94: 133

Bélgica c. Comissão, acórdão de 21 de Março de 1990, P C-142/87: 167

Benedetti, acórdão de 3 de Fevereiro de 1977, P 52/76: 100

Bessin et Salsson, acórdão de 9 de Novembro de 1989, P 386/87: 163; 263

Bianco, acórdão de 25 de Fevereiro de 1988, P 331, 376 & 378/85: 163; 166; 266

Boucherau, acórdão de 27 de Outubro de 1977, P 30/77: 68

Boussac, acórdão de 14 de Fevereiro de 1990, P C-301/87: 168; 182; 184

Brasserie du Pêcheur acórdão de 5 de Março de 1996, P C-46/93: 192; 198; 218; 237; 256

British Telecommunications plc, acórdão de 26 de Março de 1996, P C-392/93: 198

Busseni, acórdão de 22 de Feveriro de 1990, P C-221/88: 274; 282

Capolongo, acórdão de 19 de Junho de 1973, P 77/72: 57; 184

CILFIT, acórdão de 6 de Outubro de 1982, P 283/81: 270; 276; 279

Comet, acórdão de 16 de Dezembro de 1976, P 45/76: 83; 161; 162; 263; 266

190   *O Juiz Nacional e o Direito Comunitário*

Comissão c. Dinamarca, acórdão de 4 de Dezembro de 1986, P 252/83: 83

Comissão c. França, acórdão de 14 de Dezembro de 1971, P 7/71: 44

Comissão c. França, acórdão de 4 de Abril de 1974, P 167/73: 83

Comissão c. França, acórdão de 4 de Dezembro de 1986, P 220/83: 83

Comissão c. Grécia, acórdão de 18 de Janeiro de 1990 P 287/87: 23

Comissão c. Grécia, acórdão de 24 de Março de 1988, P 240/86: 23

Comissão c. Holanda, acórdão de 2 de Fevereiro de 1988, P 213/85: 174

Comissão c. Irlanda, acórdão de 4 de Dezembro de 1986, P 206/84: 83

Comissão c. Itália, acórdão de 10 de Janeiro de 1980, P 267/78: 83

Comissão c. Itália, acórdão de 13 de Julho de 1972, P 48/71: 136

Comissão c. Itália, acórdão de 15 de Outubro de 1986, P 168/85: 83

Comissão c. Itália, acórdão de 17 de Junho de 1986, P 154/85: 23

Comissão c. Itália, acórdão de 19 de Janeiro de 1993, P C-101/91: 137

Comissão c. Itália, acórdão de 2 de Fevereiro de 1989, P 22/87: 188

Comissão c. Itália, acórdão de 20 de Fevereiro de 1986, P 309/84: 23; 278

Comissão c. Itália, acórdão de 24 de Março de 1988, P 104/86: 84

Comissão c. Itália, acórdão de 4 de Abril de 1995, P 350/93: 182

Comissão c. Itália, acórdão de 4 de Abril de 1995, P C-348/93: 174; 179; 180

Comissão c. Itália, acórdão de 5 de Junho de 1986, P 103/84: 23; 219; 278

Comissão c. Itália, acórdão de 7 de Fevereiro de 1973, P 39/72: 23; 278

Comissão c. Luxemburgo e Bélgica, acórdão de 13 de Novembro de 1964, P 90 & 91/63: 39; 40

Comissão c. Reino Unido, acórdão de 14 de Outubro de 1991, P C-246/89: 199; 202

Comissão c. RFA, acórdão de 12 de Julho de 1973, p 70/72: 23; 167

Comissão c. RFA, acórdão de 12 de Março de 1987, P 178/84: 199; 201

Comissão c. RFA, acórdão de 2 de Fevereiro de 1989, P 94/87: 167

Comissão c. RFA, acórdão de 2 de Setembro de 1990, P C-5/89: 167; 263

Comissão c. RFA, acórdão de 5 de Setembro de 1991, P C-361/88: 23

Costa c. ENEL, acórdão de 15 de Julho de 1964, P. 6/64: 15; 44; 57; 65; 82; 96

Cuchi, acórdão de 25 de Maio de 1977, P 77/76: 163

Da Costa, acórdão de 27 de Março de 1963, P 28 a 39/62: 101; 102; 278

Dansk Supermarked, acórdão de 22 de Janeiro de 1981, P 58/80: 49

Defrenne, acórdão de 8 de Abril de 1976, P 43/75: 49; 69; 105; 124

Denkavit International, acórdão de 17 de Outubro de 1996, P C-283/94, C--291/94 & C-292/94: 192; 247; 249; 251

Denkavit, acórdão de 27 de Março de 1980, P 61/79: 83; 105; 163

Deutsch Milkontor, acórdão de 21 de Setembro de 1993, P 205 a 215/82: 185; 186; 263

Deville, acórdão de 29 de Junho de 1988, P 240/87: 21; 163; 259

Diamanterbeiders, acórdão de 1 de Julho de 1969, P 2/69: 57

Dodzi, acórdão de 18 de Outubro de 1990, P C-297/88 & C-197/89: 96

Duijnstee, acórdão de 15 de Novembro de 1983, P 288/82: 83

El Corte Inglés, acórdão de 7 de Março de 1996, P C-192/94: 133

Erich Dillenkofer e. o. (Agences de voyages), acórdão de 8 de Outubro de 1996, P C-178/64, C-179/94, C-188//94 e C-190/94: 198; 200

Espace économique européen, Parecer 1/91, de 14 de Dezembro de 1991: 63; 84

Essevi et Salengo, acórdão de 27 de Maio de 1981, P 142 & 143/80: 105; 163

Eunomia, acórdão de 26 de Outubro de 1971, P 18/71: 57

Express Dairy Foods, acórdão de 12 de Junho de 1980, P 130/79: 165; 178

Faccini Dori, acórdão de 14 de Junho de 1994, P 91/92: 79; 127; 133; 191; 197; 212

Factortame II, acórdão de 25 de Julho de 1991, P C-221/89: 203

Factortame III, acórdão de 5 de Março de 1996, P C-48/93: 198; 218

Factortame, acórdão de 19 de Junho de 1990, P C-213/89: 84; 142; 146; 150; 154; 203; 221; 260

Ferwerda, acórdão de 5 de Março de 1980, P 265/78: 166

Firma Gebrueder Lueck c Hauptzollamt Koeln – Rheinau, Acórdão de 4 de Abril de 1968, P 34/67, Rec 1968, 359: 83

Firma Schwarze, acórdão de 1 de Dezembro de 1965, P 16/65: 90

Foglia 1, acórdão de 11 de Março de 1980, P 104/79: 97

Foglia 2, acórdão de 16 de Dezembro de 1981, P 244/80: 97

Foster, acórdão de 12 de Julho de 1990, P C-188/89: 76; 189; 219

Fotofrost, acórdão de 22 de Outubro de 1987, P 314/85: 148; 281

França c. Comissão, acórdão de 14 de Fevereiro de 1990, P C-301/87: 167

Francovich, acórdão de 19 de Novembro de 1991, P 6 & 9/90: 183; 188; 196; 212; 214; 215; 217; 218; 220; 225; 260

Fratelli Constanzo, acórdão de 22 de Junho de 1989, P 103/88, Rec 1989, p. 1839: 76

Gaetano, acórdão de 15 de Janeiro de 1981, P 1322/79: 83

Grad, acórdão de 6 de Outubro de 1970, P 9/70: 55

Guerlain sa, acórdão de 10 de Julho de 1980, P 253/78: 83

Haegen/Einfuhr und Vorratsstelle fur Getreide un Futtermittel, acórdão de 1 de Fevereiro de 1972, P 49/71: 96

Hans Just, acórdão de 27 de Fevereiro de 1980, P 68/79: 162; 163; 266

Hauptzollamt Mainz c. CA Kupferberg & Cie KG, acórdão de 26 de Outubro de 1982, P 104/81, Rec 1982: 72

Hayange 1, acórdão de 27 de Junho de 1979, P 105/79: 96

Hessiche Knappschaft, acórdão de 9 de Dezembro de 1965, P 44/65: 89; 92

Heylens, acórdão de 15 de Outubro de 1987, P 222/86: 20; 259

HNL, acórdão de 25 de Maio de 1978, P apensos 83/76, 94/76, 4/77, 15/77 e 40/77: 158

Hoffmann Laroche, acórdão de 24 de Maio de 1977, P 107/76: 269

Humblet, acórdão de 16 de Dezembro de 1960, P 6/60: 22; 170; 212; 278

International Chemical Corporation, acórdão de 13 de Maio de 1981, P 66/80: 104; 165

192   *O Juiz Nacional e o Direito Comunitário*

Internationale Handelsgesellschaft, acórdão de 17 de Dezembro de 1970, P 11/67, Rec 1970: 83

Internationale Handelsgesellschaft, acórdão de 17 de Dezembro de 1970, P 11/70: 87

Itália c. Comissão, acórdão de 20 de Março de 1985, P 41/83: 83

Itália c. Comissão, acórdão de 21 de Março de 1991, P C-303/88: 167

Itália c. Comissão, acórdão de 21 de Março de 1991, P C-305/89: 177

Johnston, acórdão de 15 de Maio de 1986, P 222/84: 131; 189; 260; 261

Kolpinghuis Nijmegen, acórdão de 8 de Outubro de 1987, P 80/86: 132

Kraaijveld, acórdão de 24 de Outubro de 1996, P C-72/95: 267

Lippische Hauptgenossenschaft, acórdão de 12 de Junho de 1980, P 119 & 126/79: 166

Lomas, acórdão de 23 de Maio de 1996, P C-5/94: 192; 237; 248; 253

Lorenz, acórdão de 11 de Dezembro de 1973, P 120/73: 64

Luck, acórdão de 4 de Abril de 1968, P 34/67: 138

Lutticke, acórdão de 16 de Junho de 1966, P 57/65: 57; 64

Maizena, acórdão de 29 de Outubro de 1980, P 139/79: 83

Manuel Lourenço Dias, acórdão de 16 de Julho de 1992, P C-343/90: 93; 97

Manzoni, acórdão de 13 de Outubro de 1977, P 112/76: 101

Margarinefabrik, acórdão de 21 de Maio de 1987, P 249/85: 83

Marleasing, acórdão de 13 de Novembro de 1990, P C-106/89: 79; 126; 196

Marshall II, acórdão de 2 de Agosto de 1993, P C-271/91: 256

Marshall, acórdão de 26 de Fevereiro de

1986, P 152/84: 76; 77; 195

Mattheus, acórdão de 22 de Novembro de 1978, P 93/78: 97

MIRECO, acórdão de 10 de Junho de 1980, P 826/79: 163

Monin, acórdão de 26 de Abril de 1993, P C-386/92: 97

MPA, acórdão de 11 de Julho de 1996, P C 232/94: 133

Mulder, acórdão de 19 de Maio de 1992, P apensos C 104/89 e C 37/90: 158

Mulder, acórdão de 19 de Maio de 1992, P C-104/89 & 37/90: 236

Murphy, acórdão de 4 de Fevereiro de 1988, P 157/86: 119

Nold, acórdão de 14 de Maio de 1974, P 4/73: 86

Os verdes c. Parlamento Europeu, acórdão de 23 de Abril de 1986, P 294/83, Rec 1983, p. 1357: 53

Pardini, acórdão de 21 de Abril de 1988, P 338/85: 157

Peterbroeck, acórdão de 14 de Dezembro de 1995, P C-312/93: 264

Pigs and Bacon Comissão c. McCarren, acórdão de 26 de Junho de 1979, P 177/78: 83; 161; 163

Pigs Marketing Board, acórdão de 29 de Novembro de 1978, P 83/78: 83; 248

Polydor c. Harlequin Record Shops, acórdão de 9 de Fevereiro de 1982, P 270/80 Rec 1982: 72

Pretore de Salo, acórdão de 11 de Junho de 1987, P 14/86: 132

Pretore di Genova, acórdão de 19 de Março de 1993, P C-157/92: 97

Ratti, acórdão de 5 de Abril de 1979, P 148/78: 68; 189

Rewe, acórdão de 16 de Dezembro de 1976, P 33/76: 113; 161; 162; 258; 263; 266

Índice Remissivo dos Acórdãos Citados

Rheinmuhlen, acórdão de 16 de Janeiro de 1974, P 146/73: 19

Royal Scholten-Honig, acórdão de 25 de Outubro de 1978, P apensos 103/77 e 145/77: 158

Russo, acórdão de 22 de Janeiro de 1976, P 60/75: 22; 187; 219

Rutili, acórdão de 28 de Outubro de 1975, P 36/75: 68

SACE, acórdão de 17 de Dezembro de 1970, P 33/70: 57; 74

Salgoil, acórdão de 19 de Dezembro de 1968, P 13/68: 57; 96; 97

Salumi, acórdão de 27 de Março de 1980, P 66, 127 e 128/79: 105; 166; 263

San Giorgio, acórdão de 9 de Novembro de 1983, P 199/82: 258

San Giorgio, acórdão de 9 de Novembro de 1983, P 199/82: 21; 163; 166; 266

Sanicentral, acórdão de 13 de Novembro de 1979, P 25/79: 83

Saumon, acórdão de 21 de Novembro de 1991, P C-354/90: 168; 174; 182; 183; 184

Schoppenstedt, acórdão de 2 de Dezembro de 1971, P 5/71: 158

Simmenthal, acórdão de 9 de Março de 1978, P 106/77, Rec. 1978: 16; 18; 44; 56; 64; 65; 83; 135; 140; 221; 266

SIOT, acórdão de 16 de Março de 1963, P 266/81: 83

Sofrimport, acórdão de 26 de Junho de 1990, P C-152/88: 158

Sutton, acórdão de 27 de Abril de 1997, P C-66/95: 192; 247

Telemarsicabruzzo, acórdão de 26 de Janeiro de 1993, P C-320 a C-322790: 97

Tubmeuse, acórdão de 21 de Março de 1990, P C-142/87: 185

TWD I, acórdão de 9 de Março de 1994, P C-188/92: 174

Van Duyn, acórdão de 4 de Dezembro de 1974, P 41/74: 57; 64; 68; 74; 123; 189

Van Gend en Loos, acórdão de 5 de Fevereiro de 1963, P 26/62: 13; 54; 61; 82; 96; 123

Van Schijndel e Kraaijveldan Veen, acórdão de 14 de Dezembro de 1995, P apensos C-430 e C-431/93: 267

Variola, acórdão 10 de Outubro de 1973, P 34/73: 83

Von Colson et Kamann, acórdão de 10 de Abril de 1984, P 14/83: 116; 196

Wagner Miret acórdão de 16 de Dezembro de 1993, P C-334/92: 76; 133; 197; 212; 214

Walrave, acórdão de 12 de Dezembro de 1974, P 37/74: 68

Walt Wilhelm, acórdão de 13 de Fevereiro de 1969, P 14/68, Rec 1969: 83

Waterkeyn, acórdão de 14 de Dezembro de 1982, P 314 a 316/81 & 83/82: 233

Wohrman, acórdão de 14 de Dezembro de 1962, P 31 e 33/62: 92

World Wildlife Fund, acórdão de 7 de Março de 1996, P C-118/94, Rec 1996, I-1223: 76; 133

Zuckerfabrik, acórdão de 21 de Fevereiro de 1991, P C-143/88 & C-92/89: 147; 151; 301